新知图书馆
第二辑

20个太空和天文科学实验

SPACE AND ASTRONOMY

【美】帕梅拉·沃克　伊莱恩·伍德/著　宋涛/译

上海科学技术文献出版社
Shanghai Scientific and Technological Literature Press

图书在版编目（CIP）数据

20 个太空和天文科学实验 /（美）帕梅拉·沃克，（美）伊莱恩·伍德著；宋涛译 . —上海：上海科学技术文献出版社，2019（2021.8重印）

ISBN 978-7-5439-7889-8

Ⅰ . ① 2… Ⅱ . ①帕…②伊…③宋… Ⅲ . ①科学实验—初中—教学参考资料 Ⅳ . ① G634.73

中国版本图书馆 CIP 数据核字（2019）第 074835 号

Facts on File Science Experiments: Space and Astronomy Experiments
Text and artwork copyright © 2010 by Infobase Publishing

Editor: Frank K. Darmstadt　　　　　Copy Editor for A Good Thing, Inc.: Betsy Feist
Project Coordination: Aaron Richman　Art Director: Howard Petlack
Production: Victoria Kessler　　　　　Illustrations: Hadel Studios

Copyright in the Chinese language translation (Simplified character rights only) © 2019 Shanghai Scientific & Technological Literature Press

All Rights Reserved
版权所有，翻印必究

图字：09-2019-281

策划编辑：张　树
责任编辑：苏密娅　于学松
封面设计：许　菲

20 个太空和天文科学实验
20GE TAIKONG HE TIANWEN KEXUE SHIYAN
[美]帕梅拉·沃克　伊莱恩·伍德　著　宋涛　译
出版发行：上海科学技术文献出版社
地　　址：上海市长乐路 746 号
邮政编码：200040
经　　销：全国新华书店
印　　刷：常熟市人民印刷有限公司
开　　本：720×1000　1/16
印　　张：8.75
字　　数：147 000
版　　次：2019 年 6 月第 1 版　2021 年 8 月第 2 次印刷
书　　号：ISBN 978-7-5439-7889-8
定　　价：25.00 元
http://www.sstlp.com

序 言

当你听到"科学"这个词时,最先想到的是什么?是否和大多数人一样,想到陈列着各种各样玻璃器皿和许多精密仪器的实验室?想到总是身着白大褂,整日埋头于各种实验,满脸严肃的科学研究人员?虽然在许多地方这种对科学家的传统看法仍然是正确的,但是实验室却不是唯一存在科学的地方。在某个建筑工地、篮球场甚至是一场你喜爱的乐队的演奏会上,都可以发现科学。实际上,科学无处不在。我们在厨房里做饭时要用到科学;画画时要用到科学;建筑师设计建筑物时要用到科学;甚至解释为什么你最喜欢的棒球选手可以打一个本垒打也要用到科学。

几个世纪以来,人类不断地对周围世界进行探索和研究,从中获得的知识不断积累成科学。科学知识的代代传承通过一系列的教育活动得以实现。所有科学教育活动的一项基本目的就是培养年轻人具有批判性思维和解决问题的能力,而这些能力是受益终身的。

科学知识教育具有学术独特性,不仅要展现事实规律、传授技能,更要培养学生的好奇心和创造性。因此,科学是主动的过程,不可能完全用被动的教学方法实现上述目标。教育工作者时常面临"科学教育的最佳途径是什么"这样的难题。尽管尚无确切答案,但是教育界的一些研究成果还是为我们带来了有益的启示。

研究表明,学生必须积极主动地参与科学实践,通过切身体验学习科学知识。我们要鼓励人们摆脱和超越书本,敢于质疑,提出新奇的设想,进行大胆的预测和假设,自己设计实验内容和步骤,并能收集相关信息,记录实验数据,分析所发现的结果,利用各种资源来拓展知识。换言之,在学习科学的过程中,不能只用耳朵"听",还必须动手"做"。这也就是学科学的最佳方法——"做"科学。

所谓"做"科学就是进行科学实验。涉及科学的课程当中,实验部分发挥着多项教育功能。在很多情况下,需要实际操作的教学活动能有效地激发学生的兴趣,有助于新课题的导入。例如,我们介绍某一有争议的实验,会激发学生的探究欲望并解开现象背后的谜团。课堂上的调查研究活动也有助于学生温故知新。根据神经科学的理论,科学实验和其他学习实践活动有助于将新知识从短期记忆转化成长期记忆。以实践活动和实验为主的"做"科学不仅有助于学生掌握科学概念,而且有助于培养当今年轻人对科学的兴趣。

为此,我们策划了这套"新知图书馆"系列丛书,汇集了天文、地理、物理、化学、生物、海洋、机械、音乐、体育、艺术、建筑、环境等多个领域的科学内容,我们将通过实验验证这些学科内容在日常生活中的应用,通过简单的实验吸引学生兴趣,使之能够进行实践操作,实现我们所说的"做"科学。丛书每个分册围绕一到两个主题设计了20～40项实验,实验所用的材料大多都是生活中常见的物品。各类实验配有插图和图解,便于抓住学生注意力,直观地传递信息。所有实验都会综合调动学生进行科学探究的各方面技能,诸如观察、测量、归类、分析以及预测等。此外,某些实验要求学生通过自己设计并完成开放式实验项目,锻炼其探究科学的能力。

书中大多数的实验都是要求在教师和成年人的指导下,以小组的形式进行的,这其中的一个好处是学生们有机会通过社会交往途径进行学习,使得学生有了集思广益和相互学习的机会。神经科学的研究成果证明,小组学习是一种有效的学习手段,人脑是具有社会属性的器官,人际交流和相互协作能提高学习的效果。

"新知图书馆"系列丛书的目标是借助实验激发学生学习科学的兴趣,传授基本的科学概念,培养批判性思维能力。当学生完全沉浸在丰富的实验环境中,他们会经历许多惊喜并得到意外收获,体验到新旧知识融合以及豁然开朗的非凡乐趣。在这样的条件下,学习活动才真实生动而又效果持久。

我们希望当你们完成这些实验时,能对身边的世界有更好的了解。也许阅读这套书并不能使你们成为一流的运动员或数一数二的科学家,但是我们希望这些实验能够激发你们去发现日常生活中的科学,也能鼓励你们把我们的世界变得更加美好。

目 录

实验前必读 …………………………………………………………… 1
简介 ……………………………………………………………………… 1
实验 1　可见光和红外光 …………………………………………… 5
实验 2　日冕喷射 …………………………………………………… 10
实验 3　电磁能量的速度 …………………………………………… 15
实验 4　土星环 ……………………………………………………… 21
实验 5　太阳能电池板的作用究竟有多大？ ……………………… 27
实验 6　撞击力所产生的动能 ……………………………………… 32
实验 7　利用简易分光镜识别各种气体 …………………………… 38
实验 8　通过简易望远镜观测木星 ………………………………… 44
实验 9　太阳黑子监测 ……………………………………………… 49
实验 10　光线的强度是如何随着距离的变化而变化？ ………… 55
实验 11　手电筒的光亮等级 ……………………………………… 61
实验 12　曙暮光可以延续多长时间？ …………………………… 66
实验 13　由于重力所导致的加速现象 …………………………… 71
实验 14　惯性定律 ………………………………………………… 78
实验 15　谁知道 10 个星座？ …………………………………… 84
实验 16　宇宙的大小 ……………………………………………… 89
实验 17　火箭科学 ………………………………………………… 94
实验 18　测算火箭模型的飞行高度和飞行速度 ………………… 100

实验 19 制作直角仪 ·· 107
实验 20 视差效应 ·· 112
附录
　　实验环境的设置 ··· 117
　　我们的发现 ··· 118

实验前必读

在开始任何实验前仔细阅读

每项实验都包括与具体主题相关的特别安全提示。这些提示不包括那些在做其他任何科学实验时都必须注意的基本规则。因此,你必须仔细阅读下面的安全准则,并时刻牢记在心。

科学实验很容易有危险,规范的实验步骤应该包括细致的安全守则。在实验过程中随时会有意外发生,例如,材料可能会溢出、破碎,甚至着火。发生危险时你甚至来不及自我保护。在整个实验过程中,不论是否会对你造成危险,你都要严格遵守下面的安全提示,时刻警惕意外危险发生。

对每个独立的实验我们都设计了比较保守的安全预防措施。所以,我们希望你能认真对待本书中的所有安全提示。正是因为非常危险,因此你应该明确看到了这些提示。

因为时刻记住所有的规则并不容易,所以在开始每一项实验之前和准备每一项实验时都要重新阅读这些规则,这样你就会在实验的每一个危险关头注意保持安全。此外,在做那些会发生潜在危险的步骤时,你要运用自己的判断力,时刻保持警惕。虽然书中并没有提到"小心热的液体"或"不要用刀划破你的手指",但并不表示你在烧水或在塑料瓶上打洞时可以疏忽大意。书中的安全提示只是一些特别的提醒。

安全准则

粗心、仓促、缺乏知识或不必要的冒险都会引发事故，采取安全的步骤和在整个实验过程中都保持警惕可以避免上述危险。一定要阅读书中每项具体实验后附加的安全提示和遵从需要成人监督的要求。如果你是在实验室里做实验，记住不要一个人操作。如果不是在实验室里做实验，要至少3个同学一组，并严格遵守学校和各地的法律对监督人员数量的要求。请求具有急救知识的成人监护员看护，并准备好急救包。确保在实验过程中人人都知道急救员的位置。

准　备

- 在实验之前清理桌面，保持干净。
- 开始实验之前，阅读整个实验说明。
- 了解实验中的危险和可预料的危险。

自我保护

- 有步骤地遵守实验说明。
- 每次只做一个实验。
- 确定安全出口、灭火毯和灭火器的位置，关闭燃气和电源开关，准备好洗眼水和急救包。
- 确保充分通风。
- 不要喧闹嬉戏。
- 不要穿露脚趾的鞋。
- 保证地板和工作间干净、整洁、干燥。
- 立即清除溢出物。
- 如果玻璃器皿破裂，不要自己打扫，请求教师帮助。
- 把长头发束到脑后。
- 不要在实验室或工作间里吃东西、喝饮料或吸烟。
- 除非有知识丰富的成人明确告知，否则不要食用任何实验用的材料。

小心使用器材

- 不要把仪器竖立在桌子边缘。
- 小心使用刀子或其他尖锐的仪器。
- 拔电源插头,而不是拔电线。
- 使用前后都要清洗玻璃器皿。
- 检查玻璃器皿的擦痕、裂痕和尖锐边缘。
- 玻璃器皿破碎了要立即通知老师。
- 不要让反射光照射你的显微镜。
- 不要触摸金属导体。
- 小心用电。
- 使用酒精温度计,而不是水银温度计。

使用化学品

- 不要品尝或吸入化学品。
- 在盛有化学品的瓶子和仪器上贴好标签。
- 仔细阅读标签。
- 避免化学品接触皮肤和眼睛(戴安全镜或护目镜、实验用围裙和手套)。
- 不要触摸化学溶液。
- 使用溶液前后要洗手。
- 彻底清除溢出物。

加热物质

- 在加热材料时戴安全镜或护目镜、围裙和手套。
- 使你的脸远离试管或烧杯。
- 当在试管里加热物质时,避免把试管的顶端对着其他人。
- 使用耐热玻璃制成的试管、烧杯和其他玻璃器皿。
- 不要使仪器处于无人看管状态。

- 使用安全钳和耐热手套。
- 如果你的实验室没有耐热工作台,把本生灯放在耐热垫上之后再点燃。
- 点燃本生灯时要注意安全;点燃本生灯时保持通气孔关闭,使用本生灯专用打火机而不用火柴。
- 使用电炉、本生灯和燃用气体完毕后立即关闭。
- 使易燃物远离火焰或其他热源。
- 手边准备一个灭火器。

实验结束

- 彻底清理你的工作场所和任何使用过的玻璃器皿。
- 洗手。
- 小心不要把化学品或污染了的试剂放入错误的容器。
- 不要在水槽里处理材料,除非要求这样做。
- 清理所有的残留物,把它们放到正确的容器里进行处理。
- 按照各地法律规定处理化学品。

随时保持安全意识!

简 介

对于一个充满好奇心的人来说，天穹总是一个令人神往的地方。当面对恒星许愿或目睹流星雨时，几乎每一位同学都会对天穹的浩瀚发出感叹。对浩瀚的太空产生的好奇使同学们对天文学非常感兴趣。天文学主要研究不同的天体以及它们的运动和特征。作为最古老的自然科学之一，它的知识内容离不开早期科学家的贡献，这其中就包括哥白尼、伽利略、开普勒、牛顿和爱因斯坦等人。通过学习一些具有历史意义的重要的天文学实验，同学们可以从不同的视角了解到一些基本的科学原理。同时，他们还可以了解早期的科学家在几乎没有任何科学实验设备的情况下是如何进行科学研究的。

近代天文学研究所依赖的各项实验技术是在最近几十年才被人们研究出来的。随着天文学研究的不断发展，人类不仅可以到达月球，而且还可以在太空中建立宇宙空间站，人们甚至可以将太空探测器送往其他的行星。今天的天文学家们研制出先进的卫星和天文望远镜，可以收集并分析来自电磁光谱不同区域的辐射。

《20个太空和天文学实验》是"新知图书馆"系列丛书中的一本，它为讲授自然科学课程的教师和学生们设计了20个富有新意的科学实验。通过这些实验，学生们可以领会太空天文学领域的基本规律。本书中的实验，有的与历史上的重要科学实验密切相关，有的侧重研究新的科学技术。天文学是一个综合学科，它涵盖了物理学、地质学、地球科学和数学等多门学科的知识。本书中的实验，涉及所有上述学科。实践证明，书中的每个实验都适于进行课堂教学。学生们通过这些实验，可以加深自己对各种科学现象和科学规律的理解。这些有趣的实验，既适用于初中的课堂教学，也适用于高中的课堂教学。

书中通过几个实验向学生们介绍了光线和电磁光谱的本质。其中,在"利用简易分光镜识别各种气体"实验中,学生们将利用分光镜来分析各种已知气体和未知气体所产生的辐射;"可见光和红外光"是一项有趣的实验,学生们可以通过这个实验了解到可见光和红外光在能量方面的异同点;在"电磁能量的速度"这项实验当中,整个班级将研制出一个太阳系模型并计算出将能量从太阳系运送到太阳系的每颗行星需要多长时间;"光线的强度是如何随着距离的变化而变化?"这项实验的具体流程将由学生们自己设计;"手电筒的光亮等级"实验将帮助同学们理解恒星的光度等级标准是如何确定的;在"日冕喷射"实验中,学生们将更多地了解太阳及其特征;在"太阳黑子监测"实验当中,学生们将会了解到如何监测并描述太阳黑子在不同时段的运动轨迹。

行星以及它们的特征是下面3个实验的主题。在"土星环"实验当中,学生们将制作一个模型来展示土星环的大小。在"通过简易望远镜观测木星"这一实验当中,学生们将制作一个简易的天文望远镜,并利用它来观测木星及其卫星;在"曙暮光可以延续多长时间?"这个实验当中,学生们将研究地球这颗行星的各种特征。在实验当中,学生们会收集整理自己的实验数据,并将它们与专家们的实验数据进行对比。

由学生们自行设计的实验是本书另外一个重要的组成部分。通过进行各种探究性实验,学生们不但可以增强解决实际问题的自信心,而且还可以加深对自然科学本质规律的理解。在"太阳能电池板的作用究竟有多大?"这个探究型的实验当中,学生们将通过比较阻挡层光电池的能量输入过程和它的能量输出过程,来确定它的作用究竟有多大;在"谁知道10个星座?"实验当中,学生们将设计完成一个问卷调查并对问卷调查的结果进行分析,从而了解同伴们对某些星座的了解程度;"宇宙的大小"这一实验将为学生们创造一个机会——研究出一种方法来测算地球和恒星及其他星系等遥远天体之间的相对距离。

包括具体实验步骤的实验项目将帮助学生们在学习一些科学概念的同时掌握各种课堂活动常用的科学技能。为了帮助学生了解天文研究的物理学原理,可以让学生们进行"由于重力所导致的加速现象"和"惯性定律"这两项实验。在这两项实验当中,学生们实际上重复了早期的天文学家在研究各种天体的运动时所使用的方法;在"撞击力所产生的动能"这个实验当中,学生们在分析影响陨石坑大小的诸多因素的同时,还计算出用来模拟陨星撞击球体的运行速度。

为了研究火箭在太空中的飞行状况,在下面两项实验当中,将会使用到火箭的模型。在"火箭科学"这个实验当中,学生们将组装一个火箭模型并利用它来研究火箭的负载是如何影响火箭的飞行时间的;在"测算火箭模型的飞行高度和飞行速度"这一实验当中,学生们将在火箭模型处于飞行状态时进行各种测算从而计算出它的飞行高度和飞行速度。

  如果学生们没有专注地进行科学实验,他们就学不到知识。所以,本书的作者们努力将书中的各项实验设计得有趣而又需要专注力。我们的目标是给学生们提供一个开拓思路的机会,让他们在对天文学领域和太空科学领域的知识更感兴趣的同时,学到更多的相关知识。

实验 1　可见光和红外光

题 目

光谱可见光区域的能量不同于红外光区域的能量。

简 介

能量以电磁辐射的形式呈波浪状运动。不同形式的电磁辐射包括：无线电波、微波、红外线、可见光、紫外线、X射线和伽马射线。为了进行科学研究，人们将不同类型的电磁辐射根据它们所包含的能量组合成一个电磁光谱（图1）。在电磁光谱中，我们可以清晰地观看到：波长越短、频率越高

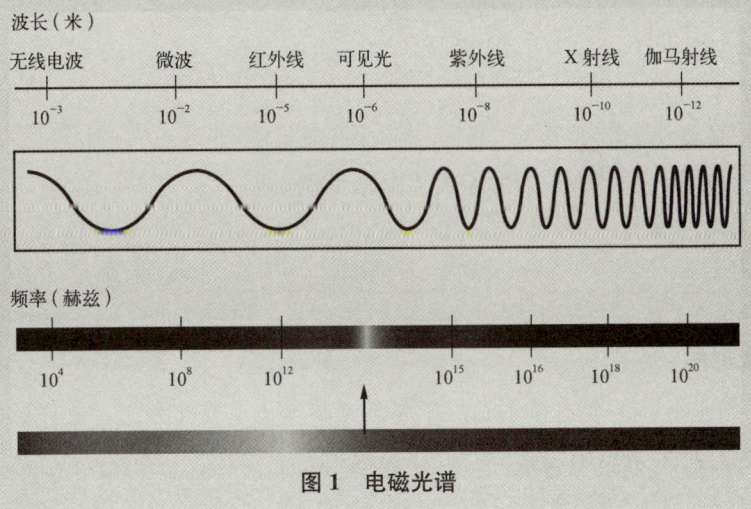

图1　电磁光谱

的波所传输的能量越多。

　　电磁光谱包含了具有各种特征的波。其中，无线电波可以将你喜欢的电台的信号传到你的耳畔；微波可以帮你加工爆米花；X射线可以帮人们检查骨骼的情况；在一个狭窄范围内电磁波构成了可见光区，在这个区域内你可以找到日常生活中所有的颜色。太阳会释放出紫外线、可见光和红外线。在这个实验中，你将利用过滤装置将可见光和红外光分离出来，进而比较它们的特征（我们不能进行紫外光实验，因为会伤害我们的眼睛和皮肤）。

实验时间

60分钟

实验材料

- 白炽灯
- 电灯泡插座
- 纸巾筒
- 可见光过滤器（只允许红外光通过）
- 红外光过滤器（只允许可见光通过）
- 2个温度计
- 数字测光表
- 三棱镜
- 通过网络或书籍查到的相关天文学常识
- 实验记录本

安全提示

　　用电时一定要谨慎小心。不要用眼睛直接观察红外光。请仔细阅读并遵守本书"实验前必读"中的"安全准则"。

实验步骤

1. 你的任务是设计并实施一个实验来研究可见光和红外光的异同点。
2. 你可以使用教师所提供的任何材料,但是并没有必要使用所有的材料。
3. 在进行实验之前,想好了要做什么。将实验的具体步骤(实验步骤)和所用的材料(材料明细)记录在数据表中,然后请教师审阅。在得到教师的同意之后,开始进行实验。如果没有得到教师的认同,立即修改之后再请教师审阅。
4. 一旦得到教师的批准,组装好实验材料并开始进行实验。
5. 将实验结果整理好填写在数据表中。

数 据 表

你的实验步骤	
你的实验材料	
教师的批准	

分 析

1. 利用教科书或互联网来研究电磁光谱,可见光和红外光的频率和波长范围分别是多少?
2. 电磁波的波长与它的频率和它所携带的能量有怎样的联系?
3. 在电磁光谱中哪种类型的电磁辐射携带了最多的能量?
4. 描述出光线过滤装置是如何将某种类型的光线分离开的。
5. 红外光与可见光的表现有哪些不同,从产生的热量、能见度和实验观察到的其他特征等方面进行分析。
6. 列举出人们在日常生活中利用红外光的几种方法。当谈到它的日常用途时,重要的是利用它在哪个方面的特性?

实验中将会发生什么?

任何电磁能量的特性取决于它的波长和频率。波长越短,频率越高,所携带的能量就越多。而电磁波携带能量的多少又会决定电磁波的具体表现。例如,由于紫外线能够穿过皮肤进入皮肤细胞内,所以会破坏人的皮肤。又如,由于X射线比紫外线携带了更多的能量,所以它能够穿过人的皮肤和肌肉。因此,人们利用它来进行骨骼检查。

我们所能看到的各种光线都集中在电磁光谱的一个狭窄的区域内。可见光的波长范围介于 3.8×10^{-7} 纳米和 7.6×10^{-7} 纳米之间。可见光可被分解为不同的颜色,其中包括红色、橘色、黄色、绿色、蓝色、靛蓝色和紫色,这些颜色构成了彩虹的颜色。在这些光线中,红光的波长最短,紫光的波长最长。虽然可见光的存在使我们能够看到颜色,但是这个范围内的波长不会产生热量,它们也不能穿过绝大多数的固体。

图2 红外护目镜使人们能够在黑暗中看到物体

红外线的波长介于 7.6×10^{-7} 纳米和 0.001 纳米之间。在可见光谱中,红外光排在红光的后面,它携带了大量的热能,但我们用肉眼看不到红外线,它可以被用来在夜间观察人和其他生命体。这时,人们会利用特制的双筒望远镜或护目镜来发现生命体释放出的热量,即红外射线。图2向人们展示了透过能够发现热量存在的护目镜所看到的人的样子。

与现实生活的联系

当你在晴朗的夜晚仰望天穹时,你会看到成千上万颗星星。然而,宇宙当中还存在着数十亿个我们用肉眼看不到的天体。许多天体所释放出的辐射并不在光谱可见光区的范围内。天文学家们利用电磁光谱的不同波长范围来研究宇宙,而其中最常用的波长范围是红外光。

天文学家们利用特殊的设备来研究红外光的波长范围,从而了解了与宇宙有关的大量信息。宇宙中的恒星和行星会产生红外射线。宇宙中还有一些天体，虽然它们的热度和亮度过低以至于无法发出可见光，但是它们可以产生红外射线。另外，还有一些天体，虽然它们的光芒被附近明亮的恒星所掩盖，但是它们同样可以产生红外射线。除此以外，红外射线和其他波长范围的电磁辐射还可以被用来跟踪恒星和星系的运动。当天体运行至靠近地球的位置时，它们所产生的频率波长较短，这时就出现了所谓的"蓝移"现象；反之，当天体运行至远离地球的位置时，它们所产生的频率波长较长，此时就出现了所谓的"红移"现象。

想要了解更多吗？

参见附录中"我们的发现"。

实验2　日冕喷射

题　目

我们可以通过照片来研究大型日冕喷射时的规模和速度。

简　介

太阳是一个由温度极高的气体所组成的巨大的球形天体。由于各种化学反应的发生，这些气体会释放出光和能量。太阳所释放出的能量对于地球上的生命延续发挥着至关重要的作用。在太阳的核心区域，为了形成氦原子，氢原子经常会发生特殊的化学反应。这种化学反应会以伽马射线和高能亚原子微粒的形式释放出大量的辐射。由于发生在太阳核心区域内的化学反应，太阳形成了分层的气体，每层气体拥有不同的温度和化学特征。

日冕层是温度最高的一个气体层，它位于太阳的外层大气中（图1）。日冕层的温度可以达到几百万开尔文（K）。与太阳的表层温度相比，这里的温度要高得多。这层气体包括等离子体和电离气体。在电离气体当中，一些电子已经完全脱离了原子的束缚。

正是由于组成日冕层的高能气体的存在，日冕层才具备了气体分布不均匀和许多无法预知的特性。在这一区域内，经常发生太阳风、日珥和等离子体以及电磁能量的大型喷射。这些喷射又进一步引发了一系列的化学反应，从而使太阳向宇宙空间释放出大量的热量和电磁能量。太阳所释放出的能量会对整个太阳系产生影响。

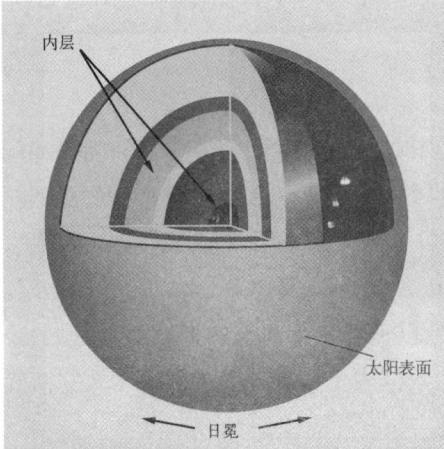
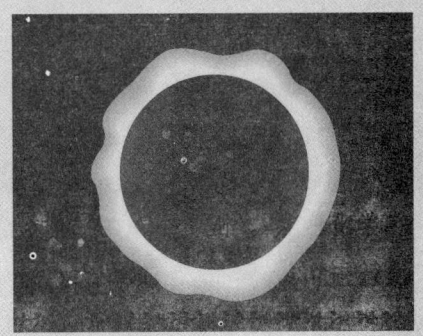

图1　　　　　　　　　图2　在一次日食期间所观测到的日冕

在发生日食时，太阳的中心区域会被遮住(图2)。此时是观测日冕的最佳时机。科学家们往往在这个时候对日冕的喷射进行研究,确定它们的喷射速度以及对地球所产生的影响。

实验时间

45分钟

实验材料

- 米尺
- 计算器
- 上网查找资料
- 实验记录本

安全提示

请仔细阅读并遵守本书"实验前必读"中的"安全准则"。

实验2　日冕喷射

实验步骤

1. 在互联网上找到在太阳日冕巨型喷射时拍摄下来的 4—6 幅时间间隔相同的连续照片。所选照片上一定要有进行拍摄的时间提示。要寻找效果好的此类照片，SOHO 网站是一个非常好的网站（SOHO 是太阳和太阳风层探测器的简称），网址：//sohowww.nascom.nasa.gov/classroom/lessons/rdat_cme_imgs.html

2. 选取在所有照片中均能观察到的特征（例如太阳喷射的外部环型区域）。

3. 测量每一幅照片中太阳的直径。在数据表上记录下测量数据，单位精确到毫米。

4. 测量太阳的边缘与你所观测的特殊区域之间的距离。

5. 利用下面的公式计算出在每幅图中太阳日冕巨型喷射的测量点与太阳表面之间的实际距离。

测量的直径/实际的直径＝测量的距离/实际的距离

- 太阳的实际距离为 1.4×10^6 千米。
- 将所有以毫米为单位的计算结果转换为以千米为单位的计算结果，在数据表上记录下你的计算结果。

6. 通过计算图片 1 与图片 2 的距离差与时间差的比值，计算出太阳日冕巨型喷射的速率。

速率＝（距离$_{图片2}$－距离$_{图片1}$）/（时间$_{图片2}$－时间$_{图片1}$）

对于剩余的图片，按照同样的时间间隔，重复同样的实验步骤。查看实验记录本上记录的所有计算结果，将关于速率的计算结果记录在数据表中。

7. 利用下面的公式计算出在每个时间间隔内太阳日冕巨型喷射的加速度情况（速率随时间的变化情况）。

加速度＝（速率$_2$－速率$_1$）/（时间$_2$－时间$_1$）

按照同样的时间间隔，重复同样的实验步骤。将实验结果记录在数据表中。

分 析

1. 将数据表中所有的速率数值相加再除以速率数值的个数，就可以计算出太阳日冕巨型喷射的平均速率。

2. 地球距离太阳大约 1.5 亿千米。假如日冕喷射是匀速的，那么它需要多长时间能够到达地球？

3. 将所有的加速度数值相加再除以加速度的个数（5 个），就可以计算出日冕喷射的平均加速度。

4. 日冕喷射是一种加速运动（加速度大于 0），还是一种减速运动（加速度小于 0），或是一种匀速运动（加速度等于 0）？

实验中将会发生什么？

太阳日冕巨型喷射实际上是大量的巨型泡状气体从太阳的日冕层区域喷射出来。虽然，人类在日食期间对太阳日冕进行观测已经有数千年的历史，但是对日冕喷射的观测是从 20 世纪 70 年代才开始的，这主要是由于它的发生往往没有规律可循。然而，随着当代科技的发展，人们研制出了一种叫日冕仪的作为太阳成像的装置，其中的特殊盘状物可以阻挡最强的太阳光。

数 据 表

	图像 1	图像 2	图像 3	图像 4	图像 5	图像 6
图中太阳的直径（毫米）						
实际的直径（千米）	1.4×10^6	1.4×10^6	1.4×10^6	1.4×10^6	1.4×10^6	1.4×10^6
从太阳的边缘到特定区域的距离（毫米）						
实际距离（千米）						
速率	NA					
加速度	NA					

太阳日冕的巨型喷射往往没有什么规律。有时候，1 周会出现 1 次；还有的时候，在 1 天之内会出现 2—3 次。在太阳日冕的喷射过程中，会从太阳的表面释放出大量的物质，整个过程一般会延续几个小时的时间。

虽然人们对太阳日冕的巨型喷射已经进行了大量的研究，但是对这一现象并没有彻底弄清楚。科学家们虽然已经研究出太阳日冕的产生原因和物理学原理，但是还无法预测它们发生的时间和量级。太阳日冕喷射携带了大量的温度极高的带电粒子,它们看上去就像一些泡状的气体,它们以极快的速度从太阳表面喷射出来,有时速度可以接近每秒钟 1 000 千米。太阳日冕喷射会释放出巨大的能量,它的量级相当于 10 亿颗氢弹同时发生爆炸。喷射过程中所产生的电子的分布方式很特殊,从而形成了一个强磁场。这种快速运动的粒子流会以太阳风的模式引发各种变化,进而影响地球和太阳系内的其他行星。

与现实生活的联系

太阳的日冕层非常炎热,它的温度超过了 100 万开尔文,从而导致大量的等离子体快速地从太阳表面喷射出来。由于这些等离子体的运动速度太快,所以它们无法停留在太阳引力场内,而是以 900 千米/秒的速度向外喷射,这些温度高且运动快的粒子被称为太阳风。太阳风的各种运动受到各种太阳现象的影响,这其中包括了太阳黑子、太阳耀斑和太阳日冕巨型喷射。太阳风在整个太阳系内穿行,这种泡状的粒子运动被称为太阳风层,太阳风层会影响太阳系的其他方面。太阳风可能会引起地球大气层的磁场波动,进而产生北极光,并有可能对地球表面的整个电网产生影响。

想要了解更多吗?

参见附录中"我们的发现"。

实验3　电磁能量的速度

题 目

通过实验,可以计算出各种电磁能量从地球运动至其他行星所需的时间。

简 介

携带着能量在太阳系中穿行的整个光谱内的各种辐射被称为电磁辐射。各种电磁辐射光波的特征取决于它们的波长和频率。各种电磁辐射光波(波长从最长至最短)依次为:无线电波、微波、红外光、可见光、紫外线、X射线和伽马射线(图1)。与波长较长的电磁辐射相比,波长较短的电磁辐射携带了更多的能量,所以常常拥有破坏效应。尽管存在着这样那样的差异,所有电磁辐射波的运行速度是相同的,那就是光速,即大约相当于30万千米/秒。在这个实验中,你可以计算出各种电磁能量从地球运动至太阳系的其他行星所需的时间。

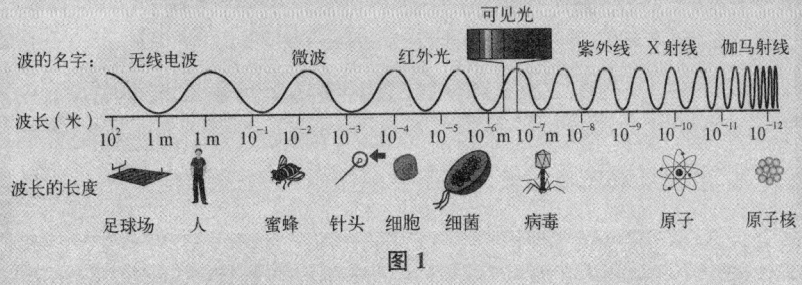

图1

实验时间

第一部分需要 45 分钟

第二部分需要 45 分钟

实验材料

- 5 颗干豌豆
- 2 颗干棉豆
- 1 个球（直径为 20 厘米）
- 按照一定比例绘出的太阳系地图
- 米尺
- 计算器
- 实验记录本

安全提示

在户外做实验时一定要倍加小心。请仔细阅读并遵守本书"实验前必读"中的"安全准则"。

实验步骤

第一部分

1. 跟着教师来到户外并选择一块比较开阔的地带。同学们通过共同研究，展示出太阳和太阳系行星之间的相对位置。在整个展示的过程中，用豌豆来代表不同的内行星，它们分别是：水星、金星、地球和火星。用棉豆来代表体积巨大的外行星，也就是木星和土星。再用一颗豌豆和半颗豌豆来分别代表天王星和体积较小的冥王星。

2. 将直径 20 厘米的球放在地面上代表太阳，然后让一位同学站在离这个球

10 步远的地方,手中拿着半颗豌豆,用来代表水星。

3. 在离"水星"9 步远的地方,请同学拿着半颗豌豆,用来代表金星。

4. 在离"金星"7 步远的地方,请同学拿着另外半颗豌豆,用来代表地球。

5. 在离"地球"14 步远的地方,请同学再拿半颗豌豆,用来代表火星。

6. 在离"火星"81 步远的地方,请同学拿 1 颗棉豆,用来代表木星。

7. 在离"木星"112 步远的地方,请同学再拿 1 颗棉豆,用来代表土星。

8. 在离"土星"249 步远的地方,请同学拿 1 颗豌豆,用来代表天王星。

9. 在离"天王星"281 步远的地方,请同学再拿 1 颗豌豆,用来代表海王星。

10. 在离"海王星"242 步远的地方,请同学拿半颗豌豆,用来代表冥王星。

11. 回答分析问题 1 和问题 2。

第二部分

1. 回答分析中的第 3 题和第 4 题。

2. 利用按比例绘出的太阳系地图,测算出地球与太阳及其他 8 颗行星之间的距离。将计算结果记录在实验数据记录表上,单位精确到厘米。

3. 利用地图中的比例尺,将全部计算结果换算为以千米为单位的实际距离。

4. 在已知光速为 299 792.458 米/秒的前提下,计算出电磁能量从地球运动至太阳和其他行星所需的时间,单位为秒。

5. 将数据表中所有以秒为单位的时间数据除以 60,换算以为分钟为单位的实验数据,并将它们记录在表中。

6. 回答分析中的 5—8 题。

分 析

1. "太阳"与"冥王星"之间有几步远?

2. 当你从"水星"向"冥王星"运动时,经过不同行星所需的时间间隔是越来越长还是越来越短?

3. "太阳"与"冥王星"之间的中点在哪?

4. 根据图 2 中所展示的太阳系计算出:在已知光线从太阳运动至地球大约需要 8.3 分钟的前提下,光波从地球运动至冥王星需要多长时间?

实验3 电磁能量的速度

数 据 表

天体	在图中与地球之间的距离(厘米)	与地球之间的实际距离(千米)	光波运行的时间(秒)	光波运行的时间(分钟)
太阳				
水星				
金星				
火星				
木星				
土星				
天王星				
海王星				
冥王星（矮行星）				

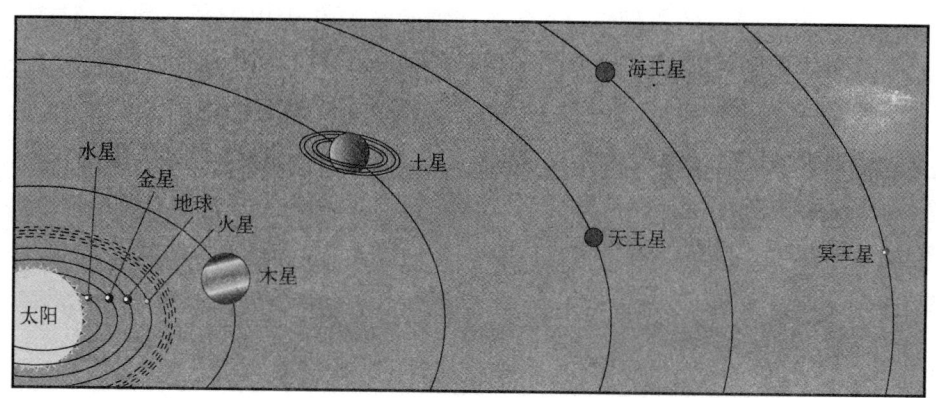

图 2

5. 你认为人们测算出的地球与其他行星之间的距离是恒定的吗？

6. 根据数据表中的数据，计算一下光从太阳运行到冥王星这颗矮行星需要多长时间？

7. 经过研究测算结果，你是否认为太阳与各颗行星之间的距离比地球与各颗行星之间的距离更精确，为什么？

8. 在你看来，为什么具有不同能量和波长的各种光波会以同样的速度运行？

实验中将会发生什么？

在太阳这颗恒星的周围，有许多不同的天体在围绕它运转，这其中不但包括 8 颗行星和体积较小的天体，而且包括彗星、卫星和冥王星等矮行星。许多太阳系的模型将围绕太阳运行的行星描绘在一个圆形轨道上。然而，实际情况是：一些行星的确在圆形轨道上，而另外一些行星是在椭圆形轨道上运行。除此以外，行星还是在不同的轨道平面上以不同的速度进行运动（图3）。当它们运行至靠近太阳的区域时，它们会进行加速运动；当它们运行至远离太阳的区域时，它们会进行减速运动。

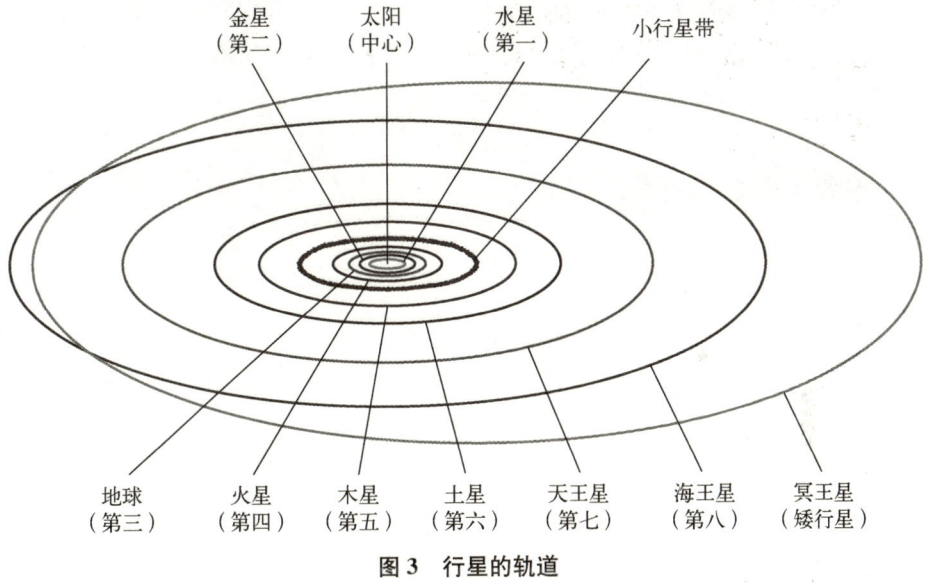

图 3 行星的轨道

由于行星是在自己的运行轨道内进行非匀速运动，所以很难准确地计算出电磁能量从太阳运行到它们那里所需的时间。例如，有时电磁能量波从地球运行到冥王星需要 3 个小时多一点的时间，而有时则需要 6 个多小时。

与现实生活的联系

在 15 世纪，约翰尼斯·开普勒(1572—1630)研究了各颗行星在围绕太阳运行时的运行轨道。开普勒不仅是一位数学家，而且还是一位天文学家和占星家。

他研究了太阳系和其他遥远星系内的各种天体的运动。他的研究成果帮助他提出了关于行星运动的 3 个定律。虽然开普勒三大定律的基本思想已经不再被人们所接受，但是当我们讨论太阳系内的行星运动时，他提出的定律和计算结果仍然适用。

关于行星运动的开普勒第一定律认为：行星是在椭圆形轨道上围绕太阳进行运动的，而太阳位于椭圆形轨道平面的中心。这一定律准确地描述了太阳系内的行星运动。当日食现象发生时，椭圆形轨道上的任意一点与其他两点之间的距离之和是确定的。所以正如太阳系内的情况一样，行星运行的椭圆形轨道是形状不一的，但是它们的运行模式是相同的。开普勒第二定律也被称为"面积定律"，它描述了行星的运动速度和行星与太阳之间的距离的内在关系。当行星靠近太阳时，它们的运动速度会加快；相反，当行星远离太阳时，它们的运动速度会减慢。开普勒第三定律描述了各行星运行轨道之间的关系。根据这条定律，在不同行星的运动之间存在一定的比例关系。

想要了解更多吗？

参见附录中"我们的发现"。

实验 4　土星环

题　目

利用一个按比例设计出来的模型可以研究土星和土星环之间的关系。

简　介

土星是我们太阳系中第二大的行星,它距离太阳第六远。虽然土星并不是太阳系中唯一周围存在环状物的行星,但是土星却拥有范围最广的环状区域,人类已经对这一区域进行了广泛的研究(图1)。伽利略·伽利雷(1562—1642)在17世纪初首先观测到土星周围有一个土星环。然而,按照他的描述,在土星的两侧区域内分别存在一个像把手一样的结构。后来,科学家们得出结论:这些把手状的结构实际上形成了一个环状区域。1676年,法国天文学家乔瓦尼·卡西尼(1625—1712)发现在土星的周围实际上分布着多个环状物,在这些环状物之间存在着一定的空间。从那以后,

图1　土星和土星环

科学家们开始对土星及其周围的土星环系统进行了大量的研究。

随着土星和土星环与太阳之间的相对位置的改变,土星的亮度以及在地球上观测时的能见度会发生变化。由于土星在旋转、磁场及气体构成等方面的特征,土星的表面看上去五颜六色。除了土星环以外,在土星的周围还存在许多天然形成的卫星,在这个实验中,你将研究独特的土星和土星环,然后再按照一定的比例设计并制作一个土星的模型。

实验时间

90分钟

实验材料

- 大的聚苯乙烯泡沫塑料球
- 纸板或告示板
- 竹签
- 剪刀
- 胶带
- 胶水
- 米尺
- 绘图圆规
- 几种不同颜色的丙烯酸漆
- 油漆刷
- 计算器
- 网上收集到的介绍土星的材料或者介绍土星的书籍
- 实验记录本

安全提示

请仔细阅读并遵守本书"实验前必读"中的"安全准则"。

实验步骤

1. 利用网上收集到的材料或者教师提供的书籍来研究土星和土星环,确定土星的直径及7个土星环(A环—G环)的宽度和直径。将这些数据记录在数据表中。
2. 根据研究结果回答实验分析部分的各个问题。
3. 测量聚苯乙烯泡沫塑料球的半径(即直径的一半),并将结果记录在数据表中。
4. 根据下面的比例关系计算出模型中每个土星环的大小。

土星模型的半径／土星的实际半径＝土星环模型的半径／土星环的实际半径

计算出土星环模型的半径。必须分两次计算出它的内边缘和外边缘的情况。将每个土星环的相关数据记录在数据表中。

5. 在计算出每个土星环的内边缘直径和外边缘直径的情况下,利用铅笔和圆规在纸板或告示板上绘出所有的土星环。
6. 将所有的土星环模型剪下。
7. 将竹签插入聚苯乙烯泡沫塑料球中,用来固定土星环模型。
8. 将土星环模型放在竹签上,并用胶带或胶水进行固定。
9. 为模型刷上油漆,刷漆时可以利用一张土星照片作为参考。

分　析

1. 土星被认为是一颗气体行星,那么土星是由哪些气体构成的?
2. 按顺序列出土星环及它们中间的隔层。
3. 土星环是由什么物质构成的?
4. 是什么力量使土星环不会偏离目前的位置?
5. 土星是一个真正的球体吗?请解释原因。
6. 在土星上的一天有多长?
7. 目前已知土星有多少颗卫星?

数 据 表

	实际半径	模型的半径
土星		
A环（内边缘）		
A环（外边缘）		
B环（内边缘）		
B环（外边缘）		
C环（内边缘）		
C环（外边缘）		
D环（内边缘）		
D环（外边缘）		
E环（内边缘）		
E环（外边缘）		
F环（内边缘）		
F环（外边缘）		
G环（内边缘）		
G环（外边缘）		

实验中将会发生什么？

根据发现的先后顺序，人们将土星环按照英文字母的顺序进行了排序。卡西尼最先发现的第一批土星环分别被命名为 A 环、B 环和 C 环。然而，当代科学家们不仅在土星的周围发现了 7 个土星环，而且还发现在它们之间存在着缝隙。除了新命名的以外，其余的土星环不再按照英文字母的顺序进行排序。从最内侧到最外侧，这些环和环缝分别是 D 环、C 环、科伦坡环缝、马可士威环缝、B 环、卡西尼环缝、A 环、恩克环缝、基勒环缝、洛希环缝 F 环、G 环和 E 环。在图 2 中，我们可以看到一些土星环和土星环之间的环缝。

土星环并不是由固态物质构成的，它们是由呈冰块状的微粒、灰尘和各种碎片构成的。其中的碎片大小不一，最小的只有豌豆大小，最大的则有一个房子那

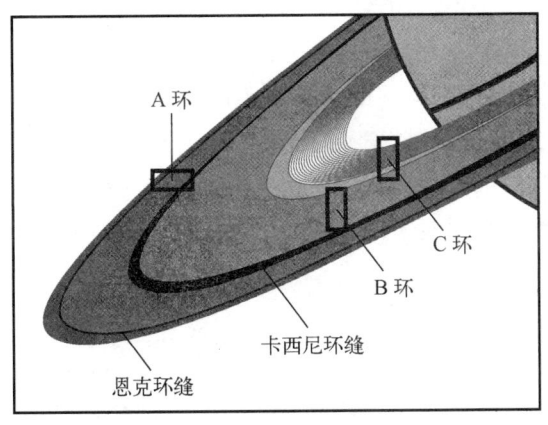

图2

么大。这些土星环之所以停留在既定的位置上，是由于土星这颗行星具有强烈的磁场，另外在土星的周围还存在一些形状酷似车轮或方向盘的辐条的物理结构。这种结构是近年来才被人类发现的，被认为是土星电磁辐射作用的产物。除了土星环，在土星的周围还有多颗卫星在围绕它旋转。到目前为止，人类已经在土星的周围发现了60颗卫星，并对它们进行了命名。其中的一些位于土星环之间的环缝当中。

土星主要是由氢气和氦气构成的。此外，在固态的岩状内核还存在其他一些痕量气体。对于土星这样一颗体积巨大的行星而言，它的旋转速度实在是很快，它差不多用10个半小时的时间就可以完成自转一周。由于快速自转和流体构成，土星的南北两极略微发扁，而在它的赤道地区还存在明显的凸起。在它的大气层中充满了冰状的云层，在强风的作用下，这些云层经常会发生旋转。这些快速运动的云层进而使土星呈现出漂亮的带状结构。

与现实生活的联系

1997年，美国国家航空航天局和欧洲航天局合作发射了卡西尼-惠更斯号机器人太空探测器和人造卫星。这个太空项目的主要目的是对土星和土星周围的空间环境进行详细的研究。这个航天器携带了美国制造的卡西尼号人造卫星，在这颗人造卫星上搭载着欧洲方面制造的惠更斯号宇宙探测器（图3）。卡西尼-惠更斯号在2004年进入土星轨道之前，经过了金星并围绕木星进行了飞行。按照最初的设计安排,它的任务是围绕土星进行飞行并通过惠更斯号宇宙探测器在2004—2008年之间多次进行实验数据的采集工作。然而,在这4年间,它向地球传回了与土星有关的大量实验信息和惊人的图片。于是,卡西尼-惠更斯号的太空实验任务被延长了两年的时间。我们今天所了解的与土星有关的绝大多数信息与卡西尼-惠更斯号的努力是密不可分的。根据后来的计划,这一太空探测项目进行到了2010年。

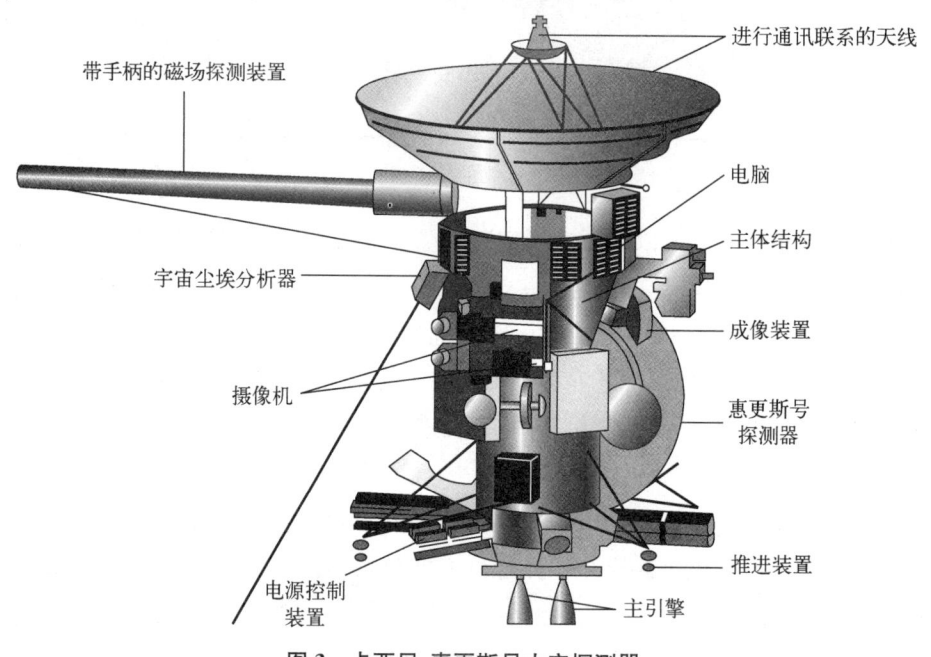

图3　卡西尼-惠更斯号太空探测器

想要了解更多吗?

参见附录中"我们的发现"。

实验 5　太阳能电池板的作用究竟有多大?

题目

通过比较阻挡层光电池的能量输入过程和能量输出过程,来确定它的作用。

简介

阻挡层光电池,也被称为太阳能电池板,它可以将太阳能转化为电能。太阳能电池板是由许多薄层构成的,这些薄层包含了硅等半导体材料。当光线照射到太阳能电池板时,被吸收的能量会激活半导体材料中的电子并使它们离开原来的位置,进而产生电能(图1)。

在19世纪的后期,人们发明了太阳能电池板,从而揭开了利用太阳能的历史。然而,最初的阻挡层光电池只有差不多1%的能源利用率。在20世纪50年代中期,科学家们开始在太阳能电池板中使用

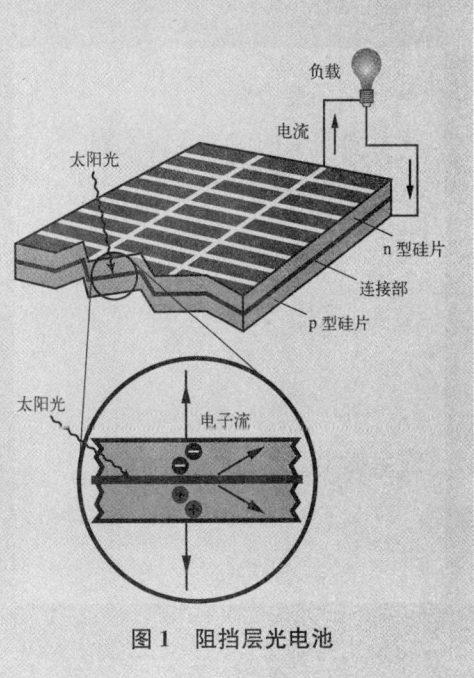

图1　阻挡层光电池

硅这种原材料，从而将能源利用率提高到约6%。今天的先进的阻挡层光电池拥有约20%的能源利用率。我们将在实验室中设计一个实验来研究阻挡层光电池的能源利用率。

实验时间

90分钟

实验材料

- 利用太阳能发光的灯
- 环架
- 通用的螺丝钳
- 阻挡层光电池（太阳能电池板）
- 电流计
- 电压计
- 日射强度表
- 带弹簧夹的绝缘金属线脚
- 带连接线的电灯泡
- 计算器
- 直尺
- 实验记录本

安全提示

请仔细阅读并遵守本书"实验前必读"中的"安全准则"。

实验步骤

1. 你将通过设计并实施一个实验来确定太阳能电池板的能源利用率。

2. 你可以使用教师所提供的任何实验器材,但是没有必要将教师提供的实验器材全部用上。

3. 在进行实验以前,先确定所要做的每一个实验步骤,并将这些具体步骤(实验步骤)和每个步骤所要使用的实验器材(实验器材明细表)记录在数据表中。将实验步骤和实验器材明细表拿给教师审阅。在得到教师的同意后,开始进行实验。如果没有得到教师的同意,请修改相关材料,然后再请教师审阅。

4. 一旦教师批准了你的实验步骤,你就可以开始组装实验器材,并开始按照实验步骤进行实验。

5. 在自己设计的数据表中整理实验数据。

数 据 表

你的实验步骤	
你的实验材料明细表	
教师同意	

分 析

1. 利用日射强度表测量到的太阳能是以瓦为单位的,而我们在测算阻挡层光电池的能量输出情况时,是以安培和伏特为单位的。为了对二者进行比较,我们必须利用下面的公式将阻挡层光电池的能量输出数值转换为以瓦特为单位的数值。

$$瓦特数 = 安培数 \times 伏特数$$

2. 在伏特数、安培数和能量之间有怎样的区别？

3. 我们可以利用下面的公式计算出太阳能电池板的能源利用率，也就是有百分之多少太阳能被有效地转化为电能。

$$能源利用率 = (太阳能 - 电能) / 太阳能 \times 100\%$$

4. 你所检测的太阳能电池板的能源利用率是多少？

5. 利用太阳能作为能源的优缺点分别是什么？

6. 你认为怎样才能提高太阳能电池板将太阳能转化为电能的效率？

实验中将会发生什么？

阻挡层光电池也被称为太阳能电池板，它可以捕捉太阳能并将其转化为电能供人类使用。太阳能电池板由数张半导体材料的板状结构组成，这些板状结构能够吸收波长在一定范围内的太阳光。当太阳能遇到这些板状结构时，会激活上面的电子，使它们离开原来的位置。随着电子开始运动，它们将被收集起来被转移出去，从而被转化为电能。家用的计算器就可以利用太阳能电池板来供电。同样的道理，太阳能电池板还可以为太空探测器提供电力。

虽然，从19世纪阻挡层光电池问世以来，它的能源利用率已经得到了大幅度的提高。但是在太阳能被转化为电能的过程中还是损失了大量的能量。此外，一部分太阳光在遇到太阳能电池板以后会被反射回去，紧接着又进入了大气层，也就不可能被转化为人们可以利用的能量。在电子运动的过程中，一部分电能会由于发热而流失掉，还有一部分电能由于遇到了阻力或经历了重新组合而减弱了。

虽然太阳能电池板的能源利用率在通常情况下只有差不多20%，但是在某些情况下，太阳能的性价比要远远高于传统的电能。考虑到太阳能电池板摆放的位置，产生的电能的类型以及可以吸收的太阳光的数量，利用太阳能的整体收益通常要高于使用成本。

与现实生活的联系

1998年以来，世界各地的科学家们一直忙于建立国际空间站。随着项目的进展,在空间站工作的科学家们可以连续数月在那里进行实验研究。这些宇航员和科学家进行各种实验所需的电能,是由一些巨大的太阳能电池板所提供的(图2)。科研人员在最初设计这些太阳能电池板时,就考虑到如何使它们向太阳的方向倾斜一定的角度,从而将它们的能源利用率最大化。

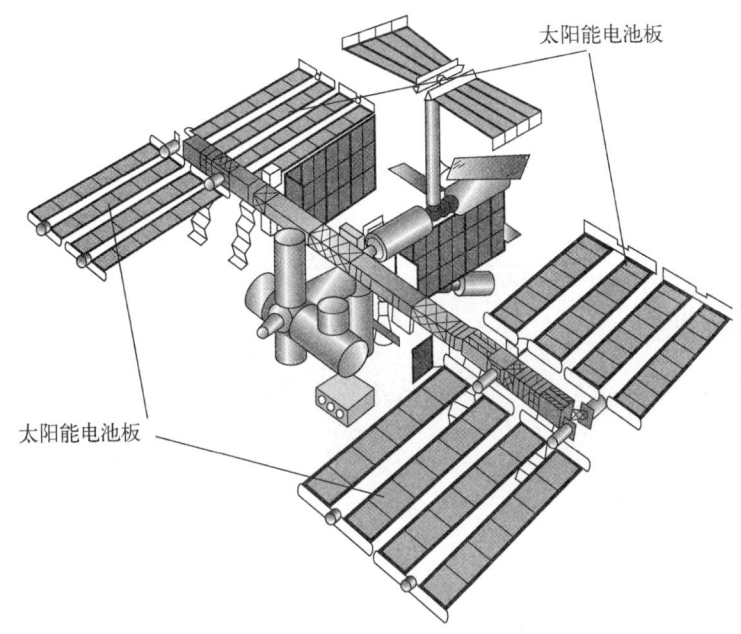

图 2　国际空间站

想要了解更多吗?

参见附录中"我们的发现"。

实验6　撞击力所产生的动能

题　目

陨星本身具有的动能的大小将决定它在撞击地球时所产生的陨石坑的大小。

简　介

你是否曾经仰望天穹观看流星，但这些富有戏剧性的夜间奇景其实并不是恒星，它们是一些进入地球大气层的流星体。这些流星体是由一些具有金属特性的岩石和碎片构成的。这些碎片小的直径有几厘米或几英寸，大的直径有几米或几码。绝大多数的流星体在高速进入地球大气层时由于高温而分解。然而，一旦某个流星体的一部分真的到达了地球的表面，就成为陨星。

陨星落在地球表面时速度极快，从而在撞击地球表面时形成陨石坑。由于陨星撞击所产生的陨石坑是地表的凹陷区域，它们通常面积很大而且呈现出圆形。由于撞击时巨大的冲击力，撞击点附近的地表均会遭到破坏，所以陨石坑的直径要远远大于陨星的直径。在这项实验中，你将利用体积不同的球体来代表流星体，进而制造"陨石坑"，用来研究球体动能的大小。

实验时间

60 分钟

实验材料

- 形状酷似游泳池的塑料容器或者大小相当的普通塑料容器,容器的深度至少为 20 厘米
- 一大袋沙子(足以装满上面提到的容器)
- 折梯
- 卷尺
- 秒表
- 2 个米尺
- 6 个体积和重量不等的球体(例如篮球、保龄球和垒球)
- 电子秤或三梁式天平
- 计算器
- 在户外找一个开阔的场所
- 实验记录本

安全提示

在爬梯子时要格外加小心。请仔细阅读并遵守本书"实验前必读"中的"安全准则"。

实验步骤

1. 回答实验分析中的第 1 题和第 2 题。
2. 在同伴的帮助下,将塑料容器放在一个平坦的地方,或者放在平地上,然后在里面装满沙子。用尺子的边缘将容器里的沙子铺平进而形成一块平坦的表

实验 6 撞击力所产生的动能

面,将折梯放置在容器的旁边。

3. 称出每个球体的质量(单位为克),将结果记录在数据表中。

4. 爬到梯子最上面的台阶上,向正前方伸出一只胳膊,让同伴用卷尺测量一下沙土表面与你的手之间的直线距离。将结果记录在数据表中,单位为厘米。

5. 让同伴将第一个球放置在你伸出的手中(注意手的位置不要改变)。同时,请另一位同伴准备好秒表,准备计时,以秒为单位记录下球到达沙土表面所需的时间。

6. 让球向沙土表面自由下落,当你的手松开球时,同伴开始用秒表计时;当球撞击到沙土的表面时,计时停止。将结果记录在数据表中。

7. 小心翼翼地将球拾起,不要带动下面的沙土。将一个尺子放置在凹陷区域的中心,用来测量"陨石坑"的深度。让第二个尺子在"陨石坑"的顶部横穿而过,注意两个尺子交叉的那一点即是"陨石坑"的深度。将"陨石坑"的深度记录在数据表中。

8. 用一个尺子测量"陨石坑"的直径,并将结果记录在数据表中。

9. 移动折梯,以确保实验的下一个球会落在沙土的另一个地方。或者不移动梯子,将刚刚形成的"陨石坑"填上,并将沙土再一次铺平。

10. 对于其他几个实验球,重复进行实验的步骤 4—9。

11. 回答分析中的 3—8 题。

数 据 表

球体	质量(克)	距离(厘米)	时间(秒)	"陨石坑"深度	"陨石坑"直径

分 析

1. 你认为哪些因素会影响陨石坑的大小?

2. 你认为哪个球体的撞击会形成最大的"陨石坑",哪个球体的撞击会形成最宽的"陨石坑",为什么?

3. 哪个球体所形成的"陨石坑"最深,这个球体所形成的"陨石坑"是最宽的吗?如果不是,那么哪个球体所形成的"陨石坑"最宽?

4. 利用下面的公式计算球体的下落速度。

$V=D/T$　　$V=$速度(米/秒)　　$D=$距离(米)　　$T=$时间(秒)

5. 利用下面的公式及球体的质量和速度计算球体运动所产生的动能。

$$KE=1/2MV^2$$

$KE=$动能(焦耳)

$M=$质量(千克)

$V=$速度(米/秒)

6. 绘一张线形图,X 轴代表每个球体所具有的动能,Y 轴代表每个球体所形成的陨石坑。

7. 动能和陨石坑之间有怎样的关系?请解释。

8. 如果你不是在折梯上扔球,而是在地面上直接扔球,球体的动能会受到怎样的影响?如果是在楼顶上,又会出现怎样的情形?

实验中将会发生什么?

在所有固态行星和它们的卫星的表面上都分布着许多陨石坑,它们是流星体、小行星或彗星在撞击天体表面时形成的。在地球的表面同样分布着大量的陨石坑,然而,许多陨石坑要么被天气变化所破坏,要么被土壤或植被所覆盖。陨石坑的形状往往都差不多:中间是一个凹陷区域,两边是明显的边缘区域。一些结构复杂的陨石坑,在中心区域有一个凸起的部分,这是由于撞击之后一部分土壤被掀起。在陨石坑的周围分布着大量的喷射物,它们原本分布在陨石坑所在的区域,喷射物可以被喷射到很远的地方,具体的距离取决于撞击时所产生的能量(图 1)。

陨石坑的大小不一,它的大小主要取决于形成陨石坑的天体所携带的动能的多少。与体积较小的流星体相比,体积较大的流星体在撞击地面时速度更快,

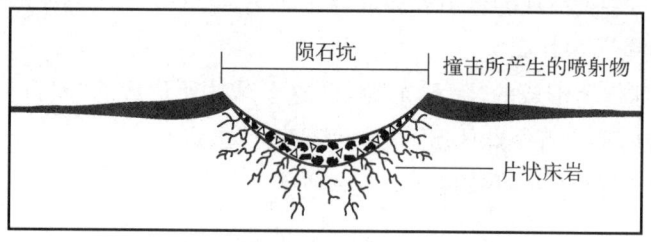

结构简单的陨石坑

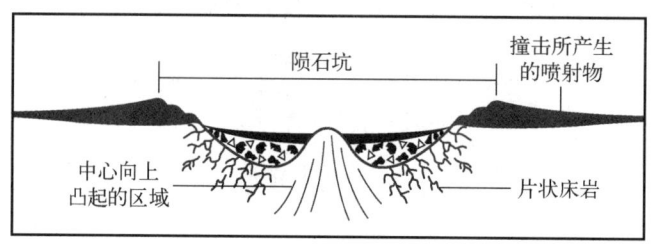

结构复杂的陨石坑

图 1

因而撞击的深度更深。当一个天体撞击地球的表面时,撞击点周围的基质会同时向上向外运动,进而形成凹陷区域、边缘区域和喷射物区域等典型的地貌特征。虽然我们可以通过研究那些历史悠久的陨石坑来研究流星体的撞击力,但是我们在实际生活中很难发现流星体,因为在撞击的同时,流星体的残留物已经被分解成更小的碎片或者被深埋在地下。

与现实生活的联系

外层空间不仅仅包括恒星、卫星和行星。许多其他类型的天体也在太阳系中运动,这其中就包括了彗星、小行星和流星体。彗星的彗核是由大量的岩石、金属、灰尘和冰构成的(图2)。彗核被一层云状的物质所包围,这层物质被称为彗发。当彗星围绕太阳运动时,会形成可以被观测到的彗尾,它是由尘埃和气体构成的。看上去就像天空中出现的条纹状的光线。彗尾存在与否是区分彗星和小行星的关键所在。小行星,也称为矮行星,它们存在于整个太阳系当中。最多的小行星集中在位于火星和金星之间的小行星带上,这些小行星在一个椭圆轨道上围绕太阳进行运转。

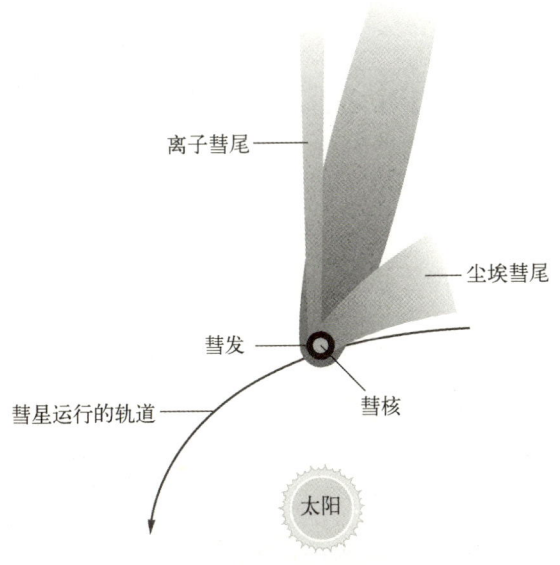

图 2　彗星的组成部分

　　相比之下,流星体的体积要小得多,它们往往是由彗星和小行星的碎片所组成。流星体存在于流星流中。所谓"流星流",就是包含大量流星的太空区域,而流星是由于太空中的某种风的运动或撞击而产生的。流星体会频繁地进入地球大气层,进而形成流星雨。然而,只有极少量的流星体会保留下来,进而成为陨星。虽然体积较小的陨星会经常撞击地球,但是由于体积太小,它们往往无法形成陨石坑,也就很少被人注意到。体积庞大的陨星在地球上是非常罕见的,它们会严重破坏地球和地球上的生命。一些科学理论认为,正是一颗非常巨大的陨星,导致了恐龙的绝迹。

想要了解更多吗?

参见附录中"我们的发现"。

实验7　利用简易分光镜识别各种气体

题　目

利用分光镜来识别各种未知气体。

简　介

　　一些早期的光学研究是由英国物理学家和数学家艾萨克·牛顿(1643—1747)爵士完成的。牛顿向世人证明了：光线在被棱镜分解成光谱的不同区域以后，这些颜色可以被再次重新组合，进而形成白光。当时，一些科学家认为光线是由粒子构成的，牛顿也是这一理论的支持者。其他科学家认为光线呈现出光波的特征。直到19世纪，物理学家们才清楚地阐明了光线具有波的特征。此后不久，获得诺贝尔物理学奖的科学家阿尔伯特·爱因斯坦(1879—1955)证明了光既具有波的特性又具有粒子的特性。

　　在19世纪，对光的物理特性感兴趣的物理学家进行的大量研究，是建立在利用衍射光栅所取得的研究成果的基础上。衍射光栅这种光学设备是由成千上万个小孔所组成的。美国物理学家亨利·奥古斯特·罗兰(1848—1901)在对光的特性进行实验研究时，利用一个特制的带钻石尖的工具在一块玻璃的表面每厘米的地方留下了5 905个小孔。光栅中的每一个小孔会将一束光线衍射成光谱中的不同颜色。直到今天，科学家们还在使用类似的实验设备，只不过玻璃表面每厘米留下了39 370个小孔。

来自太阳的可见光或白光是电磁辐射的一种形式。电磁光谱中所包含的每种能量都具有不同的波长。长波包括热量和红外波。在电磁光谱的短波一端，分布着能量极高的电磁波，例如 X 射线和伽马射线。有颜色的电磁波，也就是可见光分布在电磁光谱的中间区域（图1）。电磁波的测算单位是纳米，1 纳米相当于 1 毫米的 100 万分之一。可见光的波长范围介于 400 纳米（紫光）—700 纳米（红光）之间（图1）。

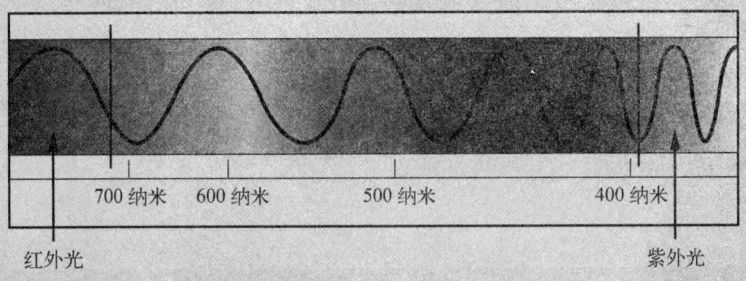

图 1　电磁光谱的可见光区域

并非所有炽热发光的天体都释放出同一种电磁能量。像一些离我们非常遥远的恒星，由于它们的表面正在发生燃烧，它们所产生的光线主要取决于它们自身的化学组成。随着不同化学元素的燃烧，它们会在电磁光谱上呈现出独特的物理特征。科学家们利用分光镜就可以将光线从燃烧的天体中分离出来并进行光谱研究，进而识别是什么物质产生了这种光。因此，分光镜可以用来研究正在燃烧的物质所产生的能量并识别物质所包含的化学成分。在这个实验中，你将自制分光镜并利用它来识别不同气体燃烧时所产生的能量。

实验时间

60 分钟

实验材料

- 用来研究已知气体的光谱管

- 用来研究未知气体的光谱管
- 为光谱管提供电力的电源设备
- 旧的 CD 碟片(或 DVD 碟片)
- 足以装下 CD 碟片的硬纸箱
- 2 个单面的剃须刀片
- 小的硬纸管(用纸巾或卫生纸制成)
- 透明胶带
- 铝箔
- 胶水
- 钢笔
- 开纸箱用的刀具或其他锋利的刀具
- 彩笔
- 实验记录本

安全提示

在使用剃须刀片或各种刀具时要格外加小心,请仔细阅读并遵守本书"实验前必读"中的"安全准则"。

实验步骤

1. 将 CD 碟片放置在纸箱上面,距离纸箱的左侧边缘大约 1.7 厘米。利用钢笔,将 CD 碟片的内圆轮廓画在纸箱上。

2. 将硬纸管也放置在纸箱上面,中心要对准 CD 碟片的内圆轮廓,再将硬纸管的底边轮廓也画在纸箱上。

3. 将硬纸管向上移动 1.7 厘米,再次画出硬纸管的底边轮廓。

4. 圆形轮廓的重叠区域呈椭圆形,将这一部分用刀切掉,将硬纸管放入纸箱中。

5. 将纸箱的位置向右侧移动 1/4,使椭圆形区域与桌面成适当的角度。在向上的一面,再次勾画出 CD 碟片的内圆轮廓,这一回要靠近左侧边缘,并尽可能远离椭圆形的区域。

6. 在纸箱的同一侧剪下一个长方形,它的宽度和高度分别为1.7厘米和5厘米。

7. 小心翼翼地打开剃须刀片的包装纸,将它们放置在长方形的空缺处的上方,锋利的一面差一点就要接触到纸箱的表面,然后用胶带将它们固定在纸箱上,注意在两个刀片之间留出均匀的空间,空间不要太大。

8. 让纸箱的顶部面向天花板,然后将纸箱向右上方移动,用剃须刀片豁开的口子面向你自己。将CD碟片带文字的一面粘到纸箱的内侧,与豁口正好相对。CD碟片的左侧边缘与豁口距离纸箱的左边的距离应该完全相同。

9. 将纸箱的顶部盖好,用铝箔和胶水将任何可以进光的孔或缝隙粘好。

10. 将硬纸管放入椭圆形区域内,将铝箔折叠好,放置在硬纸管的周围,以达到避光的效果。用手拿着豁口区域,在一束光下调整硬纸管的方向,然后通过硬纸管来观察这束光线。当你能够观测到从红色到紫色的全部光谱区域内的颜色时,说明你所选取的观测角度是正确的。在调整硬纸管的角度以后,一定要及时把铝箔粘在对应的位置上。

11. 教师将一个装满某种已知气体的光谱管安装在实验设备上,通过分光镜来观察发光的柱状气体。将气体的名称记录在数据表的左侧栏中,数据表的其他各栏分别代表了光谱的不同区域。在数据表的每一行,除了要记录下气体的名称以外,还要根据观测到的光谱区域,将对应的各栏涂上相应的颜色。

12. 观测其他已知气体并将观测到的结果记录在数据表中。

13. 观测一些未知气体的样本,并根据已知气体的颜色特征来识别这些未知气体。

数 据 表

气体名称	紫光 380—450 纳米	蓝光 450—495 纳米	绿光 495—570 纳米	黄光 570—590 纳米	橙光 590—620 纳米	红光 620—750 纳米

分 析

1. 分光镜可以帮助天文学家了解恒星的哪些信息？
2. 描述一下你是如何识别利用分光镜观察到各种气体的。
3. 在利用分光镜观测不同的光源时，各种颜色是逐渐消失还是相互融合，或是彼此截然分开？
4. 比较不同光源在光谱方面的异同点。
5. 来自遥远恒星和星系的光是如何使天文学家们意识到：同一种类型的原子在整个宇宙当中是普遍存在的？

实验中将会发生什么？

在这项实验中，学生利用简易的分光镜分析了不同气体所产生的光谱。学生们利用CD碟片自身的圆孔将光线分解成不同的颜色。我们对白光是再熟悉不过的，因为它包含了整个光谱当中的各种颜色。但是，蒸发的化学元素（气体）所形成的光谱具有独有的特征，我们可以利用这些特征来识别不同的气体。

化学家们所使用的分光镜比本实验中使用的分光镜精密度更高，结构更复杂。我们可以利用分光镜将化学元素电离。这样一来，化学元素中的电子就被赋予了能量，它们在围绕原子核运动时，会进入能量更高的层次。当这些电子又回到最初的原始位置时，它们会释放出电磁能量。每一种化学元素的电子能量分布都是与众不同的，所以在光谱中所形成的波长也是各具特征的。图2向人

图 2

们展示了4种不同的化学元素所呈现出来的光谱特征。

与现实生活的联系

天文学家们利用分光镜来研究遥远恒星的化学特性和物理特性。由于恒星往往包含了某些化学元素，所以在光谱中才会呈现出不同的颜色和线条。科学家们通过比较恒星的光谱特征和某些已知的化学元素的光谱特征来判断恒星所包含的化学成分。当然，天文学家们通过研究恒星的光谱，不仅能够判断它们的化学构成，而且能够断定恒星的温度。这是由于恒星的颜色是由它的温度决定的。

分光镜还可以被用来研究恒星究竟是正在远离地球还是正在靠近地球。同时，人们还可以利用它来判断恒星的运动速度。要计算这一速度，则主要依靠多普勒效应的相关原理。为了体验多普勒效应，大家可以设想一辆车从你身边经过，车上的警报器在不停地鸣响，这时的声波效应就可以解释多普勒效应。当车辆靠近你时，声波被压缩，而警报声的音高却得到了提高；当车辆远离你时，声波被扩散，这时警报声的音高却下降了。在光学的研究领域，多普勒效应仍然适用。当一颗恒星靠近地球时，它所发出的光经历了波长的缩短。相反，当一颗恒星远离地球时，它所发出的光经历了波长的延长。上述波长的改变，都可以利用分光镜观测到。

想要了解更多吗？

参见附录中"我们的发现"。

实验 8　通过简易望远镜观测木星

题 目

我们可以利用简易的自制望远镜来观测木星及其卫星。

简 介

木星是太阳系中最大的行星。古代的天文学家根据古罗马神话中的宙斯神的名字来命名这颗行星。伽利略·伽利雷在 15 世纪早期利用简易的天文望远镜对木星进行了观测。当时,他在木星的周围观测到 4 颗卫星。从那以后,科学家们又观测到了多颗围绕木星运行的卫星。此外,科学家还发现木星的周围有一个环形系统。由于木星是由大量的氢气及少量的氦气和痕量气体构成的,所以它也被称为"气体巨星"。在木星的表面覆盖着多层结构复杂的云层。它们呈带状在木星的周围旋转。就木星而言,最著名的特征就是它的"红斑"。所谓"红斑",实际上是一种巨型的风暴,它的体积比地球还大,它至少已经存在了 200 年。

与地球相比,木星距离太阳要远得多。所以,这颗巨大的气体行星要更多的时间才能围绕太阳运行一周。木星上的 1 年差不多相当于地球上的 12 年。然而,由于木星的旋转速率非常快,它用不上 10 小时就可以完成自转 1 周。也正是由于这一点,木星的两极略扁赤道略鼓。在夜空中,由于木星是仅次于月球和金星的第三亮的天体,所以很容易被辨认出来。在北半球,观测木星的最佳时间是夏季(5—9 月)的傍晚或者是冬季的黎明。在实验中,你可以自制一个简易的望远镜,并利用它来观测木星。

实验时间

第一部分需要 45 分钟

第二部分需要 60 分钟

实验材料

- 2 个硬纸筒（其中的一个纸筒可以嵌入另一个纸筒当中）
- 小的凹透镜
- 大的凸透镜（凸透镜的直径要比凹透镜的直径大一些）
- 2 块硬纸板或聚苯乙烯泡沫塑料板（它们的长度应超过硬纸筒的直径）
- 热胶枪
- 热胶棒
- 剪刀
- 彩色铅笔或马克笔
- 商用望远镜
- 适于观测木星的户外地点
- 实验记录本

> **安全提示**
>
> 在使用热胶枪时一定要加谨慎，此外还要小心易碎的玻璃镜片。请仔细阅读并遵守本书"实验前必读"中的"安全准则"。

实验步骤

第一部分

1. 利用热胶将小的凹透镜粘在小的硬纸筒上，如果硬纸筒的直径大于镜片的直径，用硬纸板或聚苯乙烯泡沫塑料板制作一个"垫圈"。具体做法是将硬纸板或聚苯乙烯泡沫塑料板粘在硬纸筒的底部,然后再加工出一个足够放置镜片的孔来。

2. 利用热胶将大的凸透镜粘在大的硬纸筒上。如果有必要的话,同样利用硬纸板或聚苯乙烯泡沫塑料板制作一个"垫圈"。

3. 将小的硬纸筒沿着开口端滑入大的硬纸筒当中,确保镜片在一条直线上。

4. 手持小镜片一端进行观测。为了聚焦在遥远的物体上,可以通过调节硬纸筒的办法来使镜片靠近或远离被观测的物体。

第二部分

1. 利用自制的简易望远镜来观测木星这颗行星。努力寻找木星表面的"红斑",同时观测一下在木星的周围是否有卫星在绕转。

2. 利用商用望远镜再次对木星进行观测,比较 2 次的观测效果。

分 析

1. 在利用自制望远镜进行观测的同时,绘制一张关于木星的图片并给图片涂上颜色。如果观测到了木星的卫星,不要忘记画出来。

2. 在利用商用望远镜再次对木星进行观测时,同样绘制一张关于木星的图片并给图片涂上颜色。如果观测到了木星的卫星,同样不要忘记画出来。

3. 利用 2 个望远镜观测到的效果有何不同?

4. 如果你希望观测到木星的另外一面,需要等待多长时间?

实验中将会发生什么?

当年伽利略在观测木星时所使用的望远镜与我们在实验室里自制的天文望远镜是非常相似的。伽利略能够观测到木星的 4 颗最大的卫星,它们分别是艾奥、欧罗巴、盖尼米得、卡利斯托(图 1)。上述 4 颗卫星各自具有与众不同的特征:

- 艾奥的表面分布着许多活火山。
- 欧罗巴的表面被一层厚厚的碎冰所覆盖。
- 盖尼米得的表面有许多解冻的液态物质和固态物质,它们是流星、彗星和小行星猛烈撞击的产物。
- 卡利斯托是木星最大的卫星,它的体积比水星还要大。

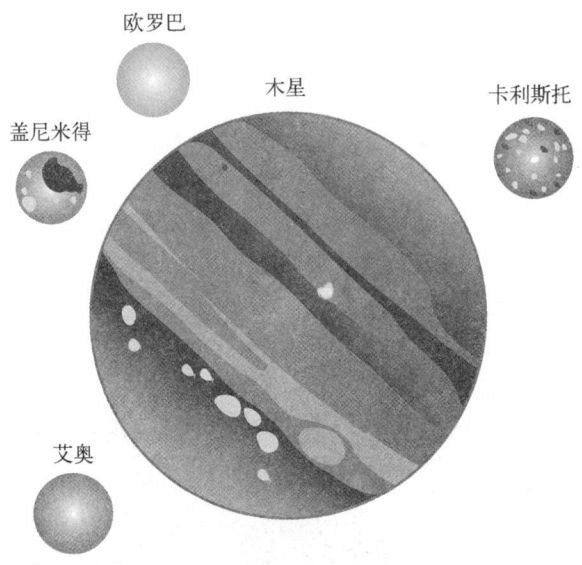

图 1　木星和它的 4 颗卫星

除了被广泛研究的 4 颗卫星以外,木星还拥有 24 颗体积较小的已命名的卫星。木星主要是由氢构成的,这些氢分布在固态的岩石内核的周围(图 2)。木星的五彩带状结构是由于在它的大气层中有多层云层在不停地旋转。这些云层是由许多不同的化学元素和化合物构成的,这其中就包括结晶氨和氢硫化铵,正是这两种物质的存在使木星呈现出亮丽的颜色。木星只需要 9 小时 56 分钟就可以完成自转一周。正是由于木星的快速旋转,分布在周围的云层也处于不断

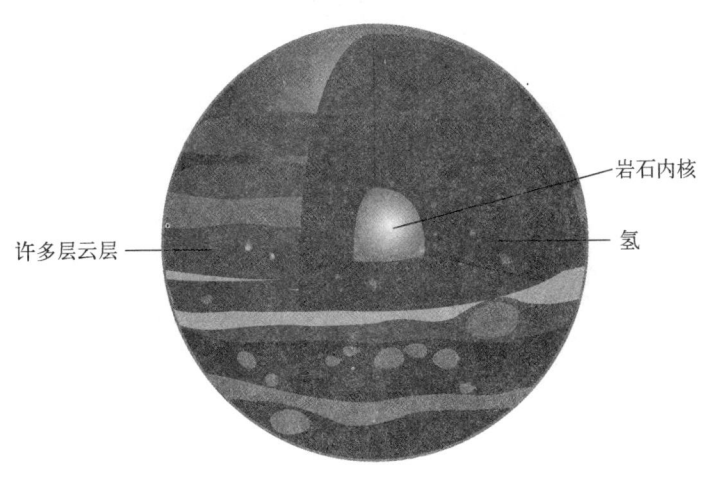

图 2　木星

实验 8　通过简易望远镜观测木星

的运动当中。然而,木星的"红斑"的运动方向与木星自转方向是截然相反的。这个巨大的气体风暴潮每6个小时就会沿逆时针方向围绕木星运行一周。

与现实生活的联系

多少个世纪以来,只有土星被认为是太阳系内唯一周围存在环状物的行星。然而,航海家号探测器在1979年传回的图片显示在木星的周围也存在3个稀薄的环状区域。多年以后,卫星拍摄的图片显示在天王星和海王星的周围同样存在环状区域。与其他行星周围的环状区域相比,海王星周围的环状区域呈现出不规则的形状,看上去更像拱形。上面提到的4颗周围有环状区域的行星恰好都是"气体行星",这主要是由于它们的表面分布的是气体物质。任何类地行星的周围都没有环状区域。至于其中的缘由,科学家们还在进行争论。许多科学家认为:类地行星的磁场和引力太不稳定了,所以在它们周围的运行轨道内没有环状结构的存在。

想要了解更多吗?

参见附录中"我们的发现"。

实验 9　太阳黑子监测

题　目

我们可以通过日常观测来研究太阳黑子的运动规律。

简　介

最初对太阳黑子进行天文观测的是中国古代的天文学家,时间是在公元前28年。当时,他们是在日出或日落时利用肉眼进行观测。从15世纪开始,科学家们开始用望远镜来观测太阳。科学家们发现在太阳的表面有些发暗的区域并认为太阳表面出现了"瑕疵"。天文学家们后来把这些暗区称为太阳黑子。当代天文学家们已经证实这些发暗的区域与电磁能量的增加有关。通过对太阳黑子的观测和研究,天文学家们意识到:在太阳不断旋转的过程中,它的磁场也在不断地发生变化。

太阳黑子区域的面积有大有小。一般来讲,太阳黑子区域的面积用可观测到的太阳的面积的百万分之几来衡量。小的黑子可能只相当于可观测到的太阳的面积的百万分之一,所以很难被观测到。较大的黑子相当于可观测到的太阳的面积的百万分之几。2001年出现了一次较大规模的太阳黑子爆发,那次的太阳黑子相当于可观测到的太阳的面积的百万分之2 400,相当于地球的14倍大。虽然那次的太阳黑子规模很大,但是与1947年发生的太阳黑子相比还是相形见绌,当时的太阳黑子相当于可观测到的太阳的面积的百万分之6 100。图1向人们展示了1900年以来太阳黑子的规模变化。

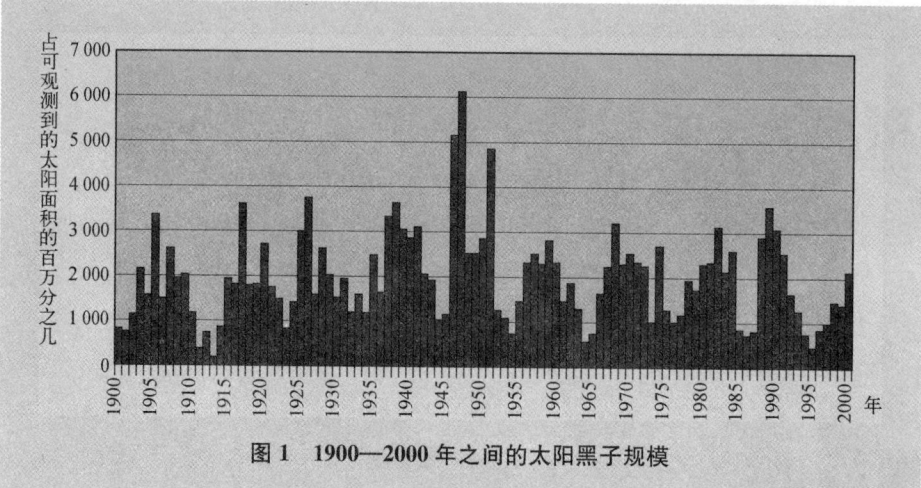

图1　1900—2000年之间的太阳黑子规模

通过研究历史上的太阳黑子监测记录,我们可以发现太阳黑子发生的频率是不固定的,但是每隔11年就会出现一次太阳黑子爆发的高峰期。这些高峰期与太阳磁场的剧烈变化有关,这种变化每隔22年出现一次。在这项实验当中,你将会对太阳黑子进行连续1个月的监测。

实验时间

每天5—10分钟,每隔1天观测1次,共进行1个月的观测。

实验材料

- 望远镜或双筒望远镜
- 几张白纸
- 封口胶纸
- 从互联网上找到的相关资料
- 方格纸
- 户外的开阔地带
- 实验记录本

> **安全提示**
>
> 在任何情况下,都不要对太阳进行直接观测,特别是在使用双筒望远镜和望远镜时,因为有可能会导致眼睛失明。请仔细阅读并遵守本书"实验前必读"中的"安全准则"。

实验步骤

1. 将一张白纸粘在一个日光照射的平坦的地方,例如建筑物的外墙或人行道。
2. 手持望远镜(或将双筒望远镜的一个镜片盖住),让较宽的镜片对准太阳。然后通过聚焦让太阳的影像投射在准备好的白纸上(图2)。聚焦时不要透过镜片用眼睛进行观察,那样的话会严重伤害到人的视力,甚至会致盲。

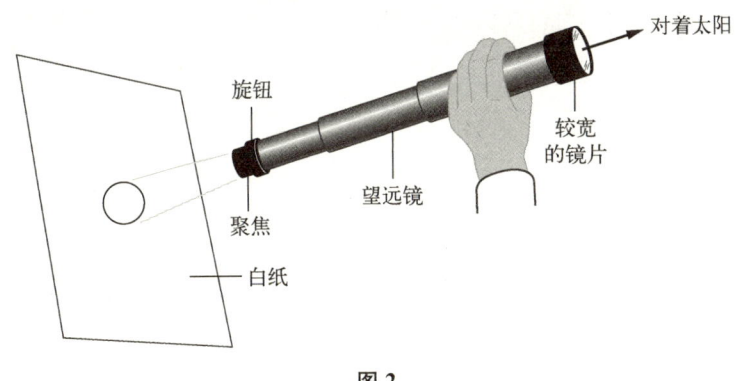

图2

3. 调整望远镜的聚焦旋钮直到太阳的影像变得非常清晰
4. 拿好望远镜的同时,让实验室里的同伴监测太阳和太阳黑子(太阳表面发暗的区域)。
5. 将白纸移开,数一数出现了多少太阳黑子。将太阳黑子的数量记录在数据表中。
6. 在1个月期间,每隔1天几乎在同一时间重复实验步骤1—5,最后整理好15天的实验数据。如果某一天天空云量很多,可以不进行观测,然后在接下来的2天内连续进行观测并记录下相关数据。

数 据 表

时间和日期	观测到的太阳黑子的数量

分 析

1. 究竟是什么导致了太阳黑子的出现?

2. 根据1个月内所观测到的每一天太阳黑子出现的次数,制作一个线型图,一定要把图中的各部分标注清楚。

3. 在一天之内人们所能观测到的太阳黑子的最多数量是多少?最少数量是多少?

4. 将数据表中记录的太阳黑子的总观测次数除以观测的天数或观测记载的次数,得出太阳黑子平均每天出现的次数。

5. 你所观测到的太阳黑子一般位于太阳的哪个区域(中心区域,上半部分,下半部分)?

实验中将会发生什么?

太阳表面的某些区域由于磁场能量过高出现了暗区。那些磁场能量会阻止太阳表面正常的气体对流现象,进而使某些区域看上去温度更低、颜色更暗。太阳黑子中较暗的区域被称为暗影,周围颜色较浅的区域被称为半影(图3)。太阳黑子在面积和形状方面差异很大。但是,它们在太阳表面的分布还是有规律可循的,这种规律主要是与太阳磁场的逆转周期有关。具体来说,太阳的磁场周期约为 22 年。在此期间,它的磁场要经历 2 次逆转。所以,太阳黑子在大约每 11 年之间就会出现一次高峰期。在太阳黑子变化周期的头几年里,绝大多数的太阳黑子看上去都靠近太阳的两极;随着太阳黑子发生频率的增加,它们的面积越来越大。所以,它们看上去更靠近太阳的赤道。

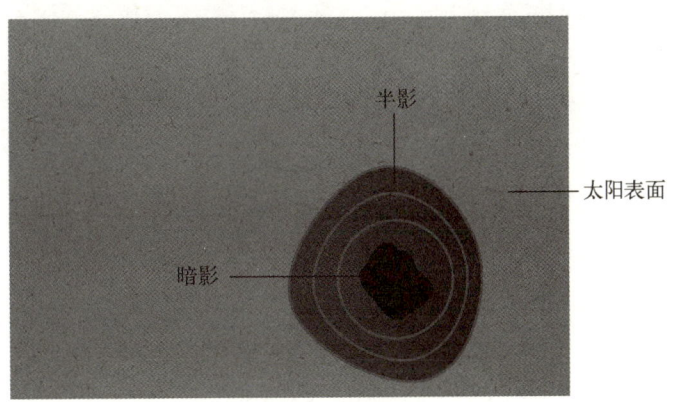

图3 太阳黑子

随着太阳黑子出现频率的增加,各种太阳活动也变得活跃起来。在太阳黑子周期的高峰年份,太阳耀斑和太阳物质抛射出现的频率也很高。这些太阳活动会导致整个太阳系的电磁紊乱。除此以外,太阳黑子发生的频率还与地球的气候变迁有关。在 1645—1715 年这段时间里,太阳黑子几乎很少出现,而这一时期的地球温度是偏低的。有时,人们也把这一时期称为"短暂的冰河时代"。

与现实生活的联系

太阳黑子的外层大气层,也就是日冕层,是由一些温度极高的等离子体组成的，它们从太阳表面向外延伸一万多千米。对太阳日冕层的观测和研究最好是在发生日食的时候进行，因为此时太阳表面最明亮区域已经被遮盖住了。太阳日冕层的温度要低于太阳的内核部分，但是这里的温度要远远高于太阳的表面。太阳耀斑和太阳物质抛射都出现在太阳日冕层。由于抛射物中含有温度极高的等离子体和电磁能量，所以整个太阳系都会受到影响。科学家们在对太阳日冕进行研究的过程中发现：太阳日冕层的大小、亮度和太阳活动与太阳黑子的周期有关。随着太阳黑子出现频率的增加，太阳耀斑出现的频率也会增加。实际上，当太阳黑子的数量达到最小值时，太阳日冕层在发生日食时几乎是观测不到的。

想要了解更多吗？

参见附录中"我们的发现"。

实验 10　光线的强度是如何随着距离的变化而变化？

题目

实验室里的实验过程可以告诉我们光线的强度是如何随着距离的变化而变化。

简介

太阳系的光源是太阳。由于每颗行星与太阳之间的距离是不同的，所以它们从太阳那里接收的光线在数量上也是不同的。当远离光源时，日光或其他光线的亮度会相应地减弱。亮度的测量单位被称为坎德拉。为了了解距离是如何影响亮度的，你可以利用灯和曝光表进行一个实验。曝光表是用来测量光线亮度的一种装置。所谓亮度，就是指到达一定平面的光线的数量，测量亮度时可以使用勒克斯这个单位。在这个实验当中，你可以首先测量光线的强度，然后再设计一个实验来研究光线的强度是如何随着距离的变化而变化。

实验时间

60 分钟

实验材料

- 75—100 瓦的灯泡
- 较大的纸板箱
- 铝箔
- 电子曝光表
- 直尺
- 方格纸
- 实验记录本

安全提示

请仔细阅读并遵守本书"实验前必读"中的"安全准则"。

实验步骤

1. 你的任务是设计并实施一个实验,来研究光线的强度是如何随着物体与光源之间的远近而发生变化。

2. 你可以使用教师所提供的各种实验材料。当然,你不一定用上所有的实验材料。

3. 在进行实验之前,想好了要具体做什么。将实验步骤和实验所需材料(材料清单)记录在数据表中。一定要记住:在进行实验时,要对各种变量实施控制。当然,实验所要研究的变量除外。例如,本次实验所要研究的变量是距离对光线强度的影响。

4. 将实验步骤和实验材料清单拿给教师审阅,在得到教师的批准以后开始进行实验。如果没有得到教师的批准,对相关材料进行修改以后再一次拿给教师审阅。

5. 一旦得到教师的批准,就可以组装实验器材,开始实验步骤。

6. 收集整理实验数据并记录在自制的数据表中。

分析

1. 描述本次实验中受到控制的各种变量。
2. 为什么在科学实验中有必要对各种变量进行控制?
3. 制作一个表格,将各种实验结果记录在里面。然后研究一下光线的强度是如何随着距离的变化而发生改变的。
4. 距离和光线强度之间的关系可以用下面的数学公式来表示 $1/r^2 = I$。在这里,r 代表半径,即物体与光源之间的距离;I 代表光线的强度。我们可以利用实验目标与光源的距离,计算出光线的强度。
5. 数据表中的实验结果与分析问题 4 中的公式计算出来的结果是否一致,为什么?
6. 光线的强度只是影响行星表面温度的诸多因素中的一个因素,请列举其他因素。

数 据 表

实验步骤	
实验材料清单	
教师批准	

实验中将会发生什么?

当光源发光时,光会从光源向四面八方发射。在光源附近,光子集中在很小的区域内。然而,随着光子远离光源,它所覆盖的空间越来越大,它会均匀地分布在这些空间的范围内。因此,随着距离的增加,被发现的光子会越来越少,这是因为:与刚刚离开光源时相比,光子之间的距离也在不断地加大。这种规律也被称为平方反比定律,它向人们解释了光线的强度是如何随着光线远离光源而发生有规律的递减(图1)。光线的强度与光线和光源的距离之间的关系可以用$1/r^2=I$这个公式来表示。随着光线远离光源,它的强度将会以指数方式递减(图2)。

图1 光线的强度是如何随着光线远离光源而不断发生变化的?

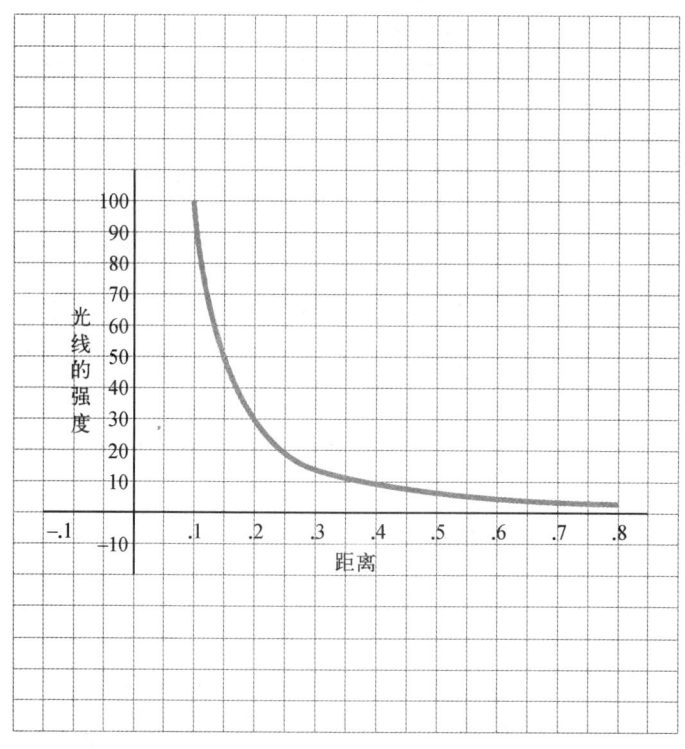

图2 随着光线远离光源,它的强度会以指数方式递减

与现实生活的联系

在太阳系中,太阳不仅是各行星的光源,而且为这些行星提供了能源。太阳的温度是极高的,太阳所释放出的光线和热能影响着行星的温度。由于光线的强度会随着距离的增加而递减,你也许会认为随着光线强度的减弱,行星表面的温度会下降。然而,这并不适用于太阳系内的全部行星。水星是离太阳最近的行星,然而它却不是温度最高的。金星是离太阳第二近的行星,然而它在温度方面却远远高于水星(图3)。

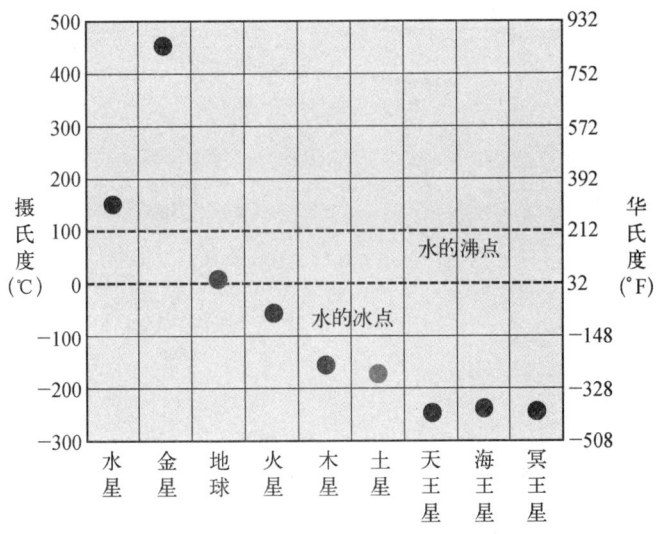

图3 几大行星及矮行星冥王星的平均温度

行星温度的异常表现有以下几方面的原因:首先,由于水星的旋转速度非常缓慢,所以背向太阳的一面要比面向太阳的一面温度低很多;其次,由于在金星厚厚的大气层里有许多密度很大的云层,所以一方面可以保持热量,另一方面可以在金星表面形成对流。这种热量的保持使金星的温度急剧增加。除了金星以外,太阳系中的绝大多数行星的确随着远离太阳而温度降低,但这种变化与光线强度的变化在程度上并不一致。

虽然,与木星相比,土星要更加远离太阳,但是木星和土星的温度十分相似。天王星、海王星和矮行星冥王星的温度同样很相似。对于这些遥远的行星而言,大气中厚厚的云层可以保持热量,而能够产生热量的内核又发挥了进一步使表面温度变得平稳的作用。

想要了解更多吗？

参见附录中"我们的发现"。

实验 11　手电筒的光亮等级

题 目

天体的视星等受距离的影响。

简 介

如果你曾经研究过夜空,你一定会注意到一些星星看上去要比另一些星星更加明亮。实际上,行星的亮度可以用星等来衡量。亮度与星等成反比。也就是说,亮度越高,星等越低。亮度每变化一个整数单位,星等是原来的 2.512 倍。因此,一颗星等为 1.0 的星星,它在亮度方面差不多比星等为 6.0 的星星高 100 倍。在星图和星表中,你可以查到每颗星星的星等。

用以下 3 种方法可以计算出星星的星等:

1. 绝对星等是指天体的实际亮度,即在距离天体 32.6 光年标准距离的地方观测天体,天体看上去有多亮。

2. 由于观测条件并非完全一致,所以人们又提出了极限星等的概念。极限星等主要取决于观测时的天空条件,这时既要考虑当时天空的清晰度,又要考虑当时天空的暗度。极限星等通常被用来描述流星和其他深邃夜空中的天体。

3. 从地球上所观测到的天体的亮度被称为视星等。与远离地球的星星相比,那些靠近地球的行星看上去更加明亮,虽然实际上一些离地球较远的恒星是较明亮的。

图1是小熊星座的星图,在每颗星星的旁边都标注了它的视星等。在这项实验中,你将利用手电筒来研究距离是如何影响视星等的。

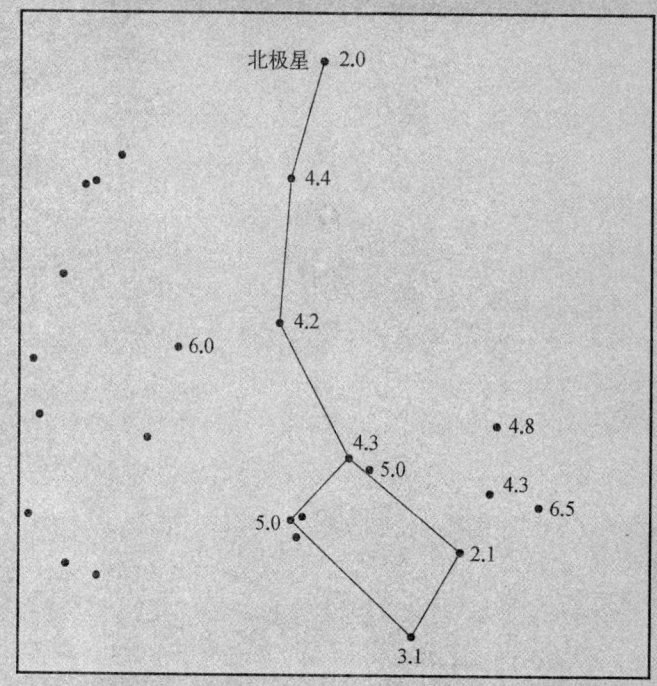

图1 小熊星座中各颗星星的视星等

实验时间

45 分钟

实验材料

- 4个大小不一的手电筒
- 米尺
- 进入暗室的机会
- 标签
- 分别代表 10 颗星星的小粘贴

● 实验记录本

安全提示

请仔细阅读并遵守本书"实验前必读"中的"安全准则"。

实验步骤

1. 与一个同伴进行合作。手持 2 个手电筒,将另外 2 个手电筒交给同伴。在暗室中,你和同伴站在距离一面空白的墙 2 米的地方。打开 4 个手电筒,向墙面照去。

2. 找出光线最亮的手电筒,将它的星等确定为 1,在这个手电筒上粘上一个星星。

3. 通过比较光线的亮度,为其他 3 个手电筒确定星等。按下列方法为手电筒贴上标签:在星等排名第二的手电筒上粘上 2 颗星星;在星等排名第三的手电筒上粘上 3 颗星星;在星等排名第四的手电筒上粘上 4 颗星星(记住:光线最暗的手电筒星等级别最高,因此贴上的星星最多)。

4. 关闭亮度最小的 2 个手电筒(贴上去的星星最多的),并将它们放在一边。你和同伴手中现在拿的手电筒分别贴有 1 颗星星和 2 颗星星。

5. 手持"2 星"手电筒的那个人继续站在原地并用手电筒继续照射墙面。手持"1 星"手电筒的同伴将会后退,直到墙面的 2 个亮点拥有同样的亮度。将两个手电筒之间的距离数值记录在数据表中(单位为米)。

6. 利用"1 星"手电筒和"3 星"手电筒重复实验步骤 5。

7. 利用"1 星"手电筒和"4 星"手电筒重复实验步骤 5。

8. 选择一个有一定光线的房间(可以打开一盏台灯或几盏照明灯),重复实验步骤 1—3,将实验结果记录在实验记录本上。

数 据 表

"1 星"手电筒与"2 星"手电筒之间的距离	
"1 星"手电筒与"3 星"手电筒之间的距离	
"1 星"手电筒与"4 星"手电筒之间的距离	

分析

1. 光线最亮的手电筒是体积最大的手电筒吗？为什么？
2. 手电筒与墙之间的距离是如何影响光亮的等级的？
3. 为什么科学家们可以利用多种办法来测量星等？
4. 如果一个手电筒所产生的亮点比"1星"手电筒的亮点亮一些，那么如何来确定这个手电筒的星等？
5. 光污染是指辐射到宇宙中去的地球光，你认为光污染是如何影响星星的星等的？

实验中将会发生什么？

在本项实验中，你将让4个手电筒照向墙面，从而测量它们的绝对星等。通过此项实验，你可以确定哪个手电筒产生了最多的光能。当你手持一个手电筒，站在距离墙面2米的地方，然后再手持一个光线更强的手电筒向后退时，你实际在进行"视星等"实验。当你将房间的灯打开时，你实际在进行"极限星等"的实验。

对于绝大多数生活在城市里的人来说，星星的星等总会受到各种光污染的影响。由于光污染把夜空照得很亮，所以我们很难对星星进行观察。目前，99%的美国人生活在光污染非常严重的地区，而且这种趋势还在逐年加剧。在位于南加利福尼亚州的威尔逊山天文台，天文学家们已经发现光污染现象严重影响了天文观测。在美国其他一些大型的天文台，也出现了类似的情况。为了进行天文观测，一些观测者不得不避开都市灯光的干扰，到远郊进行观测，只有这样，观测者才可以真正观测到夜空中的星星。

与现实生活的联系

在大约公元前150年的时候，古希腊的天文学家研究出一套根据星星的亮度和星等为它们进行分类的体系。最明亮的星星的星等为1，而最暗淡的星星的星等为6。例如，天狼星的星等被确定为1.4。随着时间的推移，科学家们又将这一分类体系进一步扩大。像太阳和月亮等一些非常明亮的天体的星等被确定为负值,这是因为它们在亮度方面已经超过了星等为1的星星。太阳的星等为惊人的—26.8。

有一些天体,它们的光线暗淡得几乎无法观测到,它们的星等被确定为6。随着天文望远镜的发明,天文学家们可以对那些光线暗淡用肉眼无法观测的天体进行观测。因此,天文学家又对星等的等级进行了扩充。例如,我们用肉眼无法观测到的冥王星的星等为14。利用一些最新研制的天文望远镜,可以观测到星等高达30的天体。图2向我们展示了夜空中几个天体的视星等。

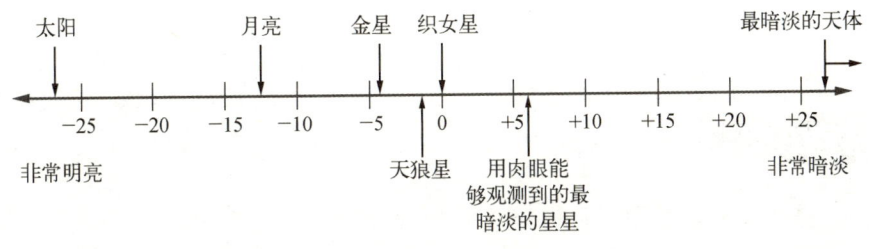

图 2

想要了解更多吗?

参见附录中"我们的发现"。

实验 11　手电筒的光亮等级　　65

实验12　曙暮光可以延续多长时间？

题目

各地曙暮光时间的长短与地理纬度和所处的季节有关。

简介

英语中的"twilight"一词是指日出和天黑这段时间，即第一缕晨曦出现和日落这段时间为"曙暮光"。从技术的角度来看，我们可以把"曙暮光"分为3大类，即"民用曙暮光""航海曙暮光"和"天文曙暮光"。"民用曙暮光"是指当太阳位于地平线以下6°时的日出或日落情况；而"航海曙暮光"是指当太阳位于地平线以下12°时的日出或日落情况；"天文曙暮光"是指当太阳位于地平线以下18°时的日出或日落情况（图1）。在傍晚，当"暮光"结束时，意味着黄昏已经来临。在清晨，当"曙光"开始时，意味着黎明已经到来。

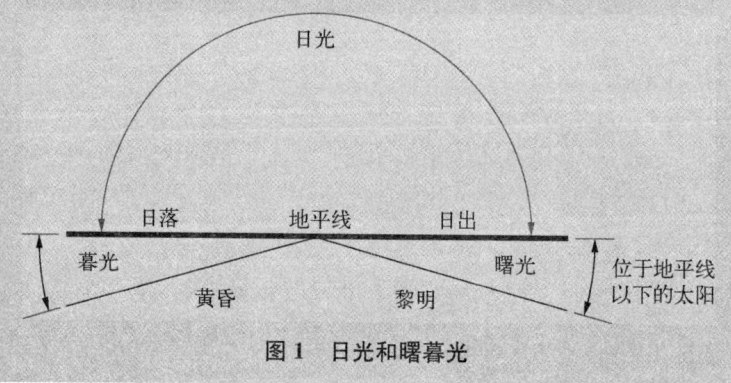

图1　日光和曙暮光

曙暮光时间的长短在很大程度上取决于观测者所处的纬度。在接近南极和北极的地方,在冬季的绝大多数的时间里到处一片漆黑,而在夏季的绝大多数的时间里到处是一片光明。在这里,曙暮光可以持续几个月的时间。然而,在赤道地区,曙暮光持续的时间是非常短暂的。在两极与赤道之间的地区,曙暮光时间的长短与季节有很大关系。

在这项实验中,你将测算你所居住的地区的曙暮光时间的长短。同时,你会将本次实验的实验结果与本地区在其他季节里的曙暮光时间的长短进行比较。另外,你还会将它与其他地区的曙暮光时间进行比较。

实验时间

第一部分,每天需要 10 分钟的时间,需要连续进行 2 周的时间。
第二部分需要 45 分钟的时间

实验材料

- 使用互联网
- 地图
- 方格纸
- 彩笔
- 实验记录本

安全提示

在户外收集实验数据时一定要加小心。请仔细阅读并遵守本书"实验前必读"中的"安全准则"。

实验步骤

第一部分

1. 与一个同伴进行合作。首先制订一个计划,在接下来的2周时间里每天傍晚对你们所在地区的暮光进行观测。在这个实验中,将暮曙光定义为日落与天黑之间的时间间隔。由于判断天黑是一个非常主观的问题,所以你和同伴必须就"天黑"的标准达成共识。例如,你可以认为:如果在没有灯光的情况下无法阅读报纸了,就意味着天黑了。你也可以认为:如果无法辨认各种颜色了,就意味着天黑了。无论你们采用怎样的标准来判断天黑都是可以的,但是一定要保证标准实施的连续性。

2. 为了记载观测数据请设计一个数据表。

3. 连续进行为期2周的观测。

4. 回答分析的第1题和第2题。

第二部分

1. 利用互联网阅读由美国海军方面提供的"太阳和月亮在每天中的完全数据"。通过互联网搜索并了解暮光时间的长短。

2. 利用这个网址查出进行观测的几天内暮光时间的长短,与第一部分的实验数据进行对比。

3. 利用这个网址查出你所在地区在去年的1月1日、4月1日、7月1日和10月1日这几天的暮光时间的长短。将查到的信息记在数据表中。

4. 在北美洲的地图上选出一个距你几百千米的城市,查出这个城市在同样的日期的暮光时间的长短。将这些信息记在数据表中。

5. 在北美洲的地图上选出一个靠近赤道的城市。查出这个城市在同样的日期的暮光时间的长短并记在数据表中。

数 据 表

日 期	你所在的地方	北面的城市	靠近赤道的城市
1月1日			
4月1日			
7月1日			
10月1日			

分　析

1. 根据你的观察,你所在的地区的暮光持续了多长时间?
2. 提出一个关于地理纬度对暮光持续时间的影响的假说。
3. 创建一个柱形图,描述出你所研究的3个地点在1月1日、4月1日、7月1日和10月1日这几天里的暮光持续时间。用不同的颜色来代表每个城市。记住一定要将图表的每一部分标注清楚。
4. 根据在互联网查到的信息,季节对暮光持续时间有怎样的影响?
5. 根据在互联网查到的信息,地理纬度对暮光持续时间有怎样的影响?

实验中将会发生什么?

地球上的一天有24小时,地球自转一周正需要24小时的时间。实际上,由于地球沿着地轴的方向发生了倾斜,地球的南北半球在不同的时间段内会吸收不同数量的太阳光,因而就产生了春、夏、秋、冬的一年四季的变化。在6—8月,地球的北半球的倾斜方向正好面向太阳,这时正好是北半球的夏天(图2),南半球的冬天。在地球进行公转的过程中,随着南半球逐渐靠近太阳,北半球逐渐远离太阳。此时,日光的强度分布又会发生变化。

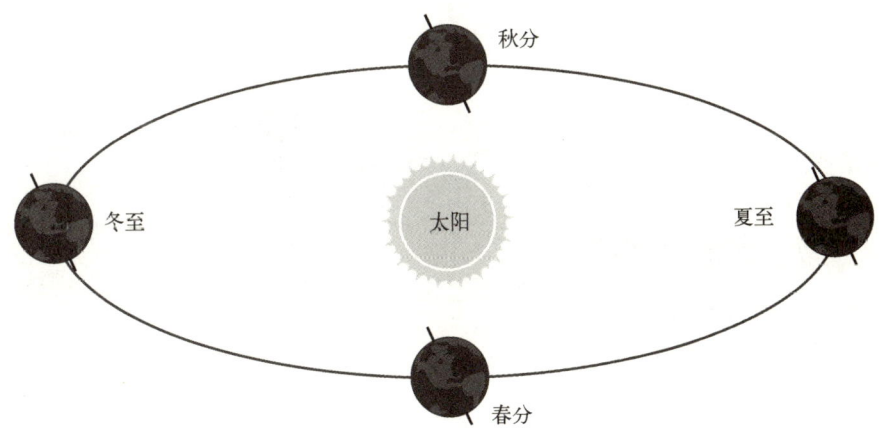

图2　地球沿地轴方向发生的倾斜导致了一年四季的更替

照射在南北半球的光线的强度不但会影响到季节和温度,而且会影响到那一地区的白天和黑夜的长短。

在夏季的几个月里,这些地区会拥有更长时间的日光照射,特别是靠近两极的地区。在靠近南极和北极的地区,在夏季有3个月时间的极昼,在冬季有3个月时间的极夜。在春秋两个季节,这些地区往往会经历长达2个月时间的曙光或暮光。赤道地区终年接收的太阳光的数量是一致的。由于太阳所在的平面与这些地区所在的平面相垂直,所以在这些地区每天清晨或傍晚只有短暂的20—30分钟的曙光和暮光。位于赤道和两极之间的地区,随着地理纬度的变化,会经历不同时间的曙光或暮光。所以我们可以得出结论:曙光或暮光在时间上的长短与季节和纬度有关。

与现实生活的联系

许多昆虫和动物在曙光和暮光期间表现得比其他时间段更加活跃,这一点你注意到了吗?绝大多数地球上的生物喜欢在晨昏之际进行活动。也就是说,它们喜欢在曙光和暮光期间进行活动。它们之所以避免在白天出去活动,主要是可以摆脱那些有猎杀习性的动物的攻击。当然,擅长在夜间猎杀猎物的动物,人们只能在夜间发现它们。因此,像鹿、野兔和昆虫等猎杀的对象只有在曙光和暮光期间进行觅食活动,才能拥有一定程度的安全感。

在海洋环境里,那些食肉动物与猎物之间的关系完全不同于陆地上。在曙光和暮光时分,一些食肉的鱼类和鲨鱼会更加频繁地出现。在日夜交替时分,由于水下的能见度下降了,所以这些食肉的鱼类在面对猎物时会表现出更多的优势。所以,在海洋和许多淡水环境中,食肉的生物喜欢在晨昏之际进行活动,而它们的猎物要么喜欢在白天活动,要么喜欢在夜间活动。

想要了解更多吗?

参见附录中"我们的发现"。

实验13　由于重力所导致的加速现象

题 目

我们可以用两种不同的方法来计算由于重力所导致的加速度。

简 介

希腊的科学家和哲学家亚里士多德（公元前384—公元前322）认为较重的物体要比较轻的物体下落得更快。直到15世纪，他的观点一直被普遍认同。然而，意大利的天文学家、物理学家和数学家伽利略·伽利雷在15世纪向亚里士多德的观点提出了挑战。在伽利略所进行的实验中，他让拥有一定质量的物体进行下落，然后测量出它们的下落距离和下落所需的时间。后来，他开始利用倾斜平面来研究重力对质量产生的影响。他最后得出结论：在相同介质中进行运动的物体将以恒定的速度进行下落，无论它们的质量有何不同。伽利略的实验向人们解释了地球上的物体是如何进行运动的以及重力是如何对它们的运动产生影响的。他的研究为英国的物理学家艾萨克·牛顿爵士所进行的研究奠定了基础。牛顿后来研究出了几大运动定律。由于伽利略提出了一些富有创新精神的观点，并改进了天文望远镜，伽利略被认为是"天文学之父"。在本次实验中，你将利用伽利略所提出的2种方法来研究重力所导致的加速度。

实验时间

第一部分需要 55 分钟

第二部分需要 45 分钟

实验材料

- 体积较大的线球
- 质量为 1 千克的球体
- 防水的马克笔
- 有弹性的球（大小材料不限）
- 米尺
- 到达（体育场）露天看台顶层的机会
- 电子秒表
- 斜面工具箱（或者自制一个能够支撑一块大理石和一个棒球的斜面）
- 棒球
- 大理石
- 实验记录本

安全提示

在露天看台顶层进行实验时一定要加小心。请仔细阅读并遵守本书"实验前必读"中的"安全准则"。

实验步骤

第一部分

1. 你将进行 3 次球体下落实验。与同伴进行合作，将绳子固定在质量为 1 千克的球体上，在露天看台最上面的一排座位后面用绳将球体送向下方送，直至它接触到地面为止。

2. 当球体接触地面时,利用防水的马克笔在手中绳子的末端做一个记号。

3. 将绳子和球拽上来,用米尺测量绳子的长度。将距离记录在数据表1的第三栏中,在3次实验中,距离要保持不变。

4. 让你的同伴下到看台下面,从你所在的看台顶部将有弹性的球抛下(图1)。在球体开始下落时,同时开始用秒表计时。当球体落到地面时,请同伴发出喊声。在听到喊声的同时,停止用秒表计时。将球体的下落时间记录在数据表1的标有"实验序号1"的那一排的时间项下。

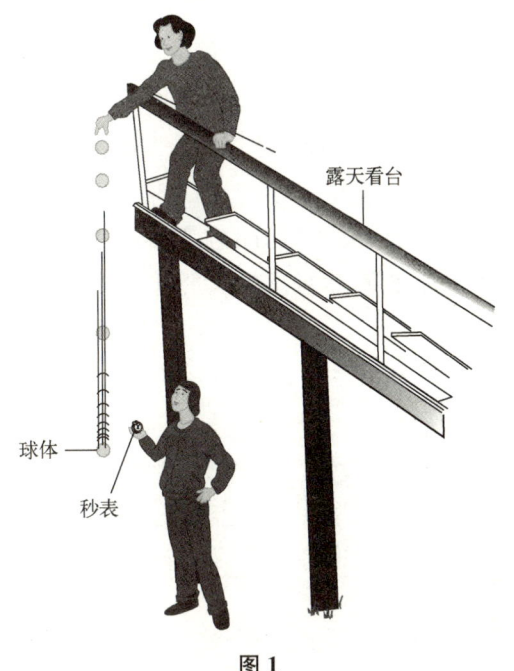

图 1

5. 利用下面的公式计算出重力所导致的加速度:$g = 2h/t^2$

在本公式中,h 代表距离,t 代表时间。将计算结果记录在数据表1的实验序号1那一行的最后一栏中。

6. 将实验步骤4和实验步骤5再重复2次。

7. 算出3次实验的平均值,记在数据表1的平均值栏中。

数 据 表 1

实验序号	时间(t)	距离(d)	重力的计算结果
1			
2			
3			
平均值			

第二部分

1. 你将利用斜坡和大理石球体进行3次实验,斜坡的倾斜角度为35°。

2. 在同伴的帮助下,将大理石球体搬到斜坡的顶部,然后让大理石球体从斜坡上滚下来,你的同伴手中始终拿着秒表。

3. 当大理石球体开始从斜坡上往下滚时,计时开始。当大理石球体到达斜坡的底部时停止计时。将时间记录在数据表2标有"序号1"的那一行中。

4. 利用大理石球体重复2次实验步骤3。

5. 计算出3次实验的平均值。

6. 利用第一部分的实验步骤中的五个步骤5中提到的公式计算出重力所导致的加速度,将每次实验的加速度和3次实验的加速度平均值记录在数据表2中。

7. 利用棒球重复实验步骤2—6。将实验的结果记录在数据表3中。

数 据 表 2

利用大理石球体进行的实验	时间(t)	距离(h)	计算出来的重力
1			
2			
3			
平均值			

数 据 表 3

利用棒球进行的实验	时间(t)	距离(h)	计算出来的重力
1			
2			
3			
平均值			

分 析

1. 重力给大理石球体和棒球所带来的加速度是完全相同,还是几乎一样?你是怎么知道的?

2. 已知重力加速度为9.8米每平方秒。比较起来,你利用斜坡进行的实验和利用球体从露天看台下落所进行的实验,哪个实验计算出的重力加速度与已知的重力加速度数值更为接近。

3. 在这个实验中,为什么要强调计时的精确性?

4. 想象一下你手中有 2 张笔记本的纸,将其中的一张纸团成一个团,然后在同一高度将二者同时抛下去,接下来会发生怎样的情况?

5. 既然对于所有的物体而言,重力加速度是一致的,那么又为什么会出现上述现象?

实验中将会发生什么?

伽利略将质量不同的球体沿斜坡滚下,结果发现它们的重力加速度是相同的。为了验证这一观点,他也许还曾经将体积相同、质量不同的球体(一个铁球和一个木球)从比萨斜塔的顶上抛下去。但是,人们无法对此进行确认。在实验的过程中,伽利略提出了重力加速度的概念。根据他的理论,在真空的环境里,所有的物体都会以同样的速度向着地球的方向进行加速运动,无论它的体积大小是怎样的。当然,我们并不是生活在真空的环境里。所以,空气的阻力会影响物体的下落速度。然而,阿波罗 15 号的宇航员们最终证明了伽利略的发现。由于月球上没有空气,所以当宇航员将一个锤子和一根羽毛同时抛下去的时候,结果它们同时落在了月球的表面。

与现实生活的联系

并非所有的行星拥有同样的重力加速度。利用下面的公式可以计算出行星表面的重力加速度:

$$g = GM/r^2$$

在这里,G 代表重力常量,M 代表行星的质量,r 代表行星的半径。正如图 2 中所显示的,行星的半径是大不相同的。

重力常量(g)是一个已知的常量,它是不会因为天体的改变而发生改变,它的数值为 $6.673 \times 10^{-11} \, m^3/kg/s^2$(相当于 3.439×10^{-8} 立方英尺/斯勒格/平方秒($ft^3/slug/s^2$))。"斯勒格"是一个质量单位,相当于 14.59 千克。只要我们已知某一行星的质量和半径,就可以利用重力常量计算出它表面的重力加速度。数据表 4 为我们总结了太阳、月球和几大行星的重力加速度,采用公制单位。在最

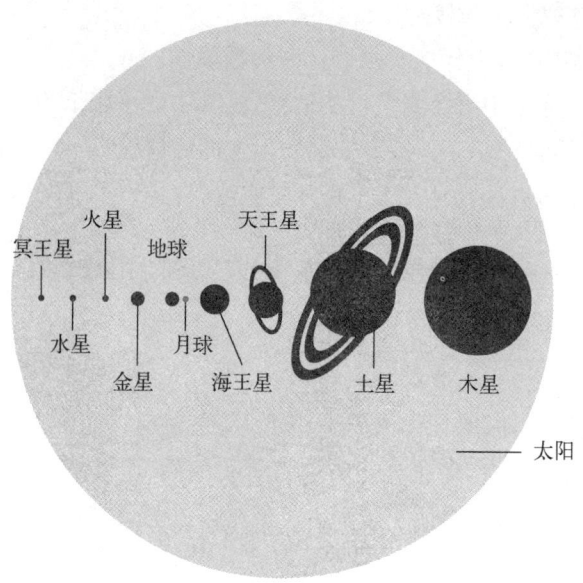

图 2 太阳与太阳系里的行星及矮行星冥王星和地球的卫星月球之间的体积对比

后一栏中,把每个天体的重力加速度与地球的重力加速度进行了比较。请注意:月球的重力常量只相当于地球的重力常量的 1/6,而太阳的重力常量相当于地球的重力常量 28 倍。

数 据 表 4

天体名称	质量(千克)	半径(米)	重力加速度 $g(m/s^2)$	与地球重力加速度的比较(g/g-Earth)
太 阳	1.99×10^{30}	6.96×10^8	274.13	27.95
水 星	3.18×10^{23}	2.43×10^6	3.59	0.37
金 星	4.88×10^{24}	6.06×10^6	8.87	0.90
地 球	5.98×10^{24}	6.38×10^6	9.81	1.00
月 球	7.36×10^{22}	1.74×10^6	1.62	0.17
火 星	6.42×10^{23}	3.37×10^6	3.77	0.38
木 星	1.90×10^{27}	6.99×10^7	25.95	2.65
土 星	5.68×10^{26}	5.85×10^7	11.08	1 013

续 表

天体名称	质量(千克)	半径(米)	重力加速度 $g(m/s^2)$	与地球重力加速度的比较(g/g-Earth)
天王星	8.68×10^{25}	2.33×10^7	10.67	1.09
海王星	1.03×10^{26}	2.21×10^7	14.07	1.43
冥王星	1.40×10^{22}	1.50×10^6	0.42	0.04

想要了解更多吗？

参见附录中"我们的发现"。

实验14　惯性定律

题 目

惯性定律可以帮助人们解释太空中天体的运动,它还可以帮助人们解释地球表面物体的运动。

简 介

意大利科学家伽利略·伽利雷在天体动力学领域所进行的具有开拓意义的研究为人们理解重力及地球表面物体的运动奠定了基础。伽利略所提出的重要观点之一是惯性的概念。根据惯性定律,静止的物体将会保持静止的状态,而运动的物体将会保持运动的状态,除非出现了外力的作用。换句话说,无论物体处于运动状态还是静止状态,都存在对变化的阻力。

运动的概念不是一个仅仅靠直觉来感知的概念。当人们想到时间时,往往会对运动的概念产生质疑。虽然观测者在不经意之间就可以从注意到静止的物体保持静止的状态,而运动的物体保持运动的状态就不那么容易被注意到。伽利略通过提出摩擦力的概念向人们解释了为什么物体会停止运动。实际上,摩擦力是一种看不见的力量。牛顿依靠摩擦力的概念提出了第一运动定律。在本次实验中,你将了解更多关于惯性定律的知识。

实验时间

55 分钟

实验材料

- 直径为 5 厘米的泡沫管 1.8 米
- 用途的小刀
- 封口胶纸
- 大理石
- WD‐40 厨房喷雾剂或其他润滑剂
- 直尺
- 实验记录本

安全提示

在使用多功能的小刀时一定要加小心。请仔细阅读并遵守本书"实验前必读"中的"安全准则"。

实验步骤

1. 与同伴进行合作,用多功能的小刀将泡沫管切开并制作成 2 个 U 形的实验工具。坐在地上,按图 1 所示将泡沫管的一部分变成一个斜坡。利用一张书桌、书桌的腿或者一堆书作为支撑,然后将泡沫管用胶带粘好。

2. 回答分析中的问题 1。

3. 将大理石球体放置在斜坡一端的最高点处,然后请同伴测量一下大理石球体距地面的高度,并将结果记录在实验记录本上。

4. 将大理石球体放开,观察它从斜坡的一端滚下,然后又滚上斜坡的另一

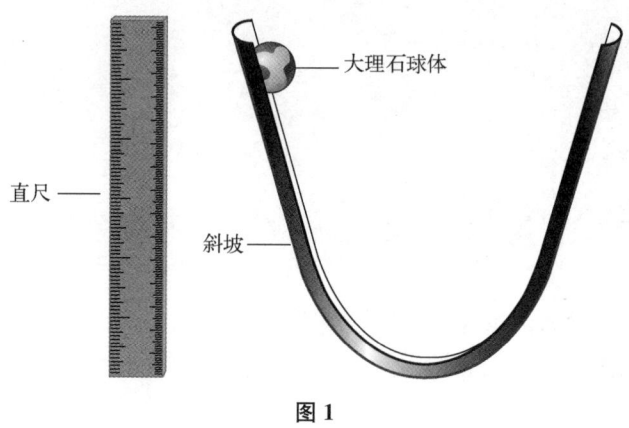

图 1

侧远端,让同伴将手指放置在球体所到达的最高点处,测量出球体向上滚行的距离,将结果记录在数据表 1 的"实验 1"项下。

数 据 表 1

到达的高度	实验1	实验2
第一次滚动		
第二次滚动		
第三次滚动		
平均值		

  5. 再重复 2 次实验步骤 4,记住一共要进行 3 次,将所有的结果记录在"实验 1"的项下。

  6. 将 3 次滚动的相关数据进行平均值计算,并将结果记录在数据表中。

  7. 调整斜坡进行第二次实验。调整斜坡时,要注意使斜坡的开口更大一些,也就是使整个 U 形更宽一点儿。

  8. 重复实验步骤 3 和步骤 4,将相关数据记录在数据表 1 的实验 2 项下。

  9. 在斜坡上喷洒烹饪喷雾剂或其他的润滑剂,然后重复实验步骤 3—8,并将结果记录在数据表 2 中。

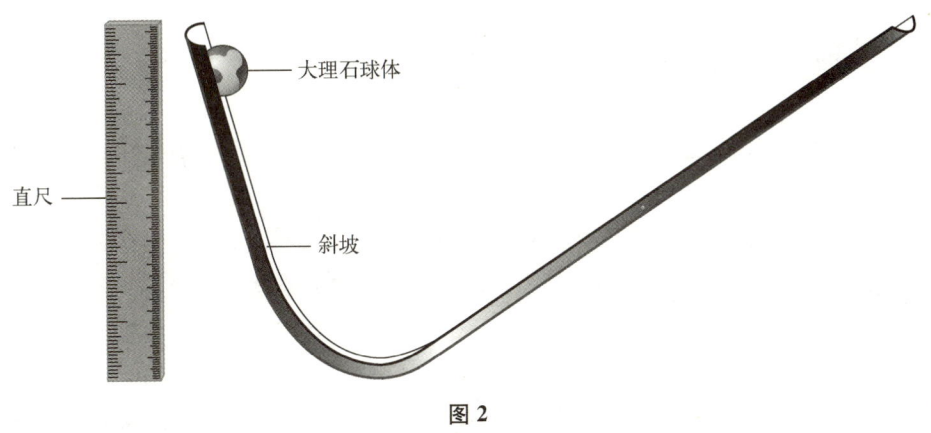

图 2

数 据 表 2

达到的高度	实验1	实验2
第一次滚动		
第二次滚动		
第三次滚动		
平均值		

分 析

1. 提出一个假设，推断一下当大理石球体从斜坡的最高点滚下时，会出现怎样的情况？

2. 从实验结果来看，你所提出的假设是正确的吗？请解释本实验是如何验证或驳倒你的假设的？

3. 斜坡形状的改变是如何影响大理石球体最后到达的高度的？

4. 在斜坡上使用润滑剂会对大理石球体达到的高度产生怎样的影响？

5. 根据实验的实际情况，请判断一下究竟是什么力量阻止大理石球体到达初始的高度？

实验 14　惯性定律

实验中将会发生什么？

伽利略当年所进行的实验与我们所进行的实验非常类似。他目睹一个球体从 U 形斜坡一端的顶部滚下，又滚到了 U 形斜坡的另一端。然而，这个球体已经无法达到初始的高度了。当他努力地减小斜坡的摩擦力时，球体在斜坡的另一端所达到的高度已经与初始高度非常接近了。伽利略认为：球体的初始高度与到达高度之间的差异是由于摩擦力的作用。伽利略同时认为：如果不存在摩擦力，球体完全能够达到初始高度。

在另外一个实验中，伽利略努力研究斜坡的形状是如何影响球体到达初始高度的能力的。他将 U 形斜坡的一端延伸至很低的角度。即使这样，球体所到达的高度仍然略低于初始高度。在减小了摩擦力以后，球体又一次接近了初始高度。科学家们通过伽利略的实验得出结论：如果斜坡另一端的倾角为 0°（图3），那么球体在没有任何摩擦力的情况下，为了达到初始高度，将会永远滚动下去。换句话讲，球体将会保持运动的状态，直到有物体阻挡它为止。伽利略的实验表明：使物体处于运动的状态不需要任何外力。相反，为了阻止正在运动的物体，需要对物体施加外力。

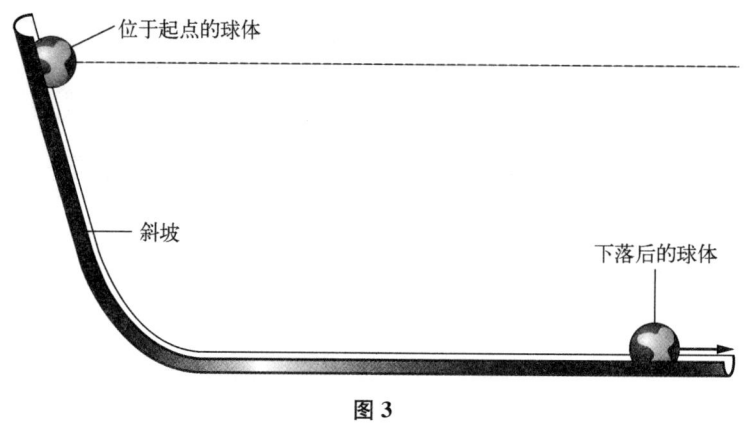

图 3

与现实生活的联系

在伽利略进行相关实验之前，天文学家们已经比较相信动力理论。按照这一理论,运动的物体将会一直保持运动的状态,直到动力被用尽了为止。动力被认为是一种推动物体运动的力量。而伽利略认为:运动是物体的天然状态,物体将会一直保持运动状态,直到有什么东西阻止它。这里所说的"什么东西",就是指摩擦力。在地球上,我们从未看到过某些物体不受任何阻碍的一直处于运动的状态。然而,伽利略的惯性理论恰好可以解释宇宙中天体的运动。

想要了解更多吗?

参见附录中"我们的发现"。

实验15　谁知道10个星座?

题 目

学生们通过自己设计问卷调查来评估对星座基础知识的掌握情况。

简 介

　　长期以来,人们一直对夜空中恒星和行星的分布规律非常感兴趣。在这一领域最早进行研究的科学家们生活在美索不达米亚平原,这个平原位于底格里斯河和幼发拉底河之间,也就是现在的伊拉克境内。这些科学家们建起了天文台,定期对夜空进行天文观测,并在大约6 000年前将天文观测结果记录下来。其中,天牛星座的出现标志着春季的到来。所谓星座就是指天空中的某个区域,在这个区域内包含了一些可以识别的星星。1年中其他3个季节的到来与另外3个星座的出现有关。最后,科学家们又观测到了8个星座,加在一起总计12个星座,构成了所谓的黄道带。

　　当代的天文学家们在北半球和南半球的夜空中一共观测到了88个星座。一些星座的形状看上去酷似一些动物,所以人们用动物的名字为它们命名,例如大熊座、天鹅座(图1a、图1b)和天鹰座。仙后座看上去就像一位坐在宝座上的皇后。双子星座是根据古希腊的两位英雄卡斯托耳与波鲁克斯的名字来命名的。牧夫座(图2a、图2b)看上去好像一直在夜空中追赶监视大熊座,所以也有人把它称为"大熊座的守望者"。在本次实

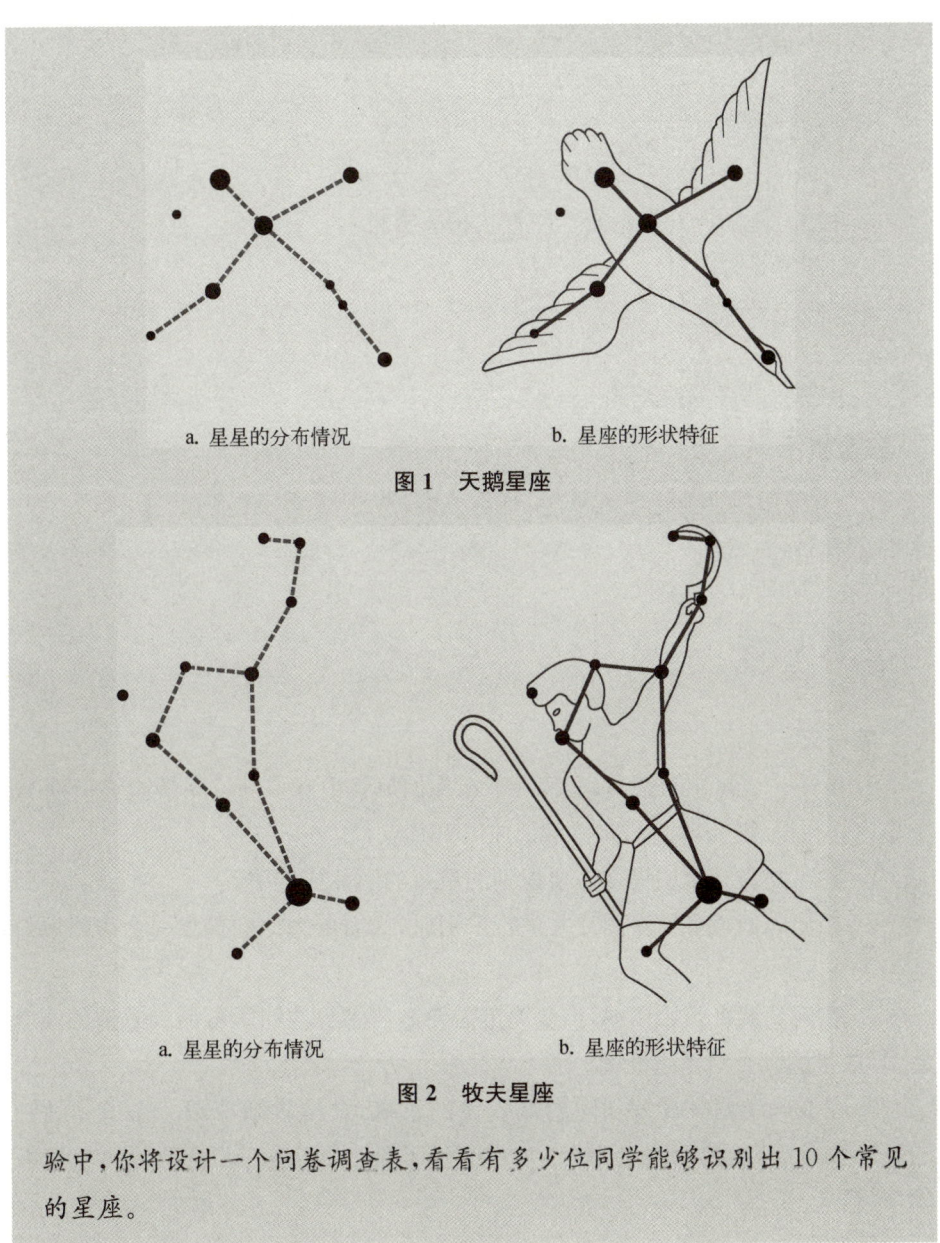

a. 星星的分布情况　　　　b. 星座的形状特征

图 1　天鹅星座

a. 星星的分布情况　　　　b. 星座的形状特征

图 2　牧夫星座

验中,你将设计一个问卷调查表,看看有多少位同学能够识别出 10 个常见的星座。

实验时间

第一天需要 45 分钟

第二天需要 45 分钟

实验材料

- 介绍星座知识的书籍或上网查找相关资料
- 绘图笔或打印机
- 实验记录本

> **安全提示**
>
> 请仔细阅读并遵守本书"实验前必读"中的"安全准则"。

实验步骤

第一天

1. 设计一个问卷调查表,了解一下在你们班级中有多少位同学能够识别 10 个星座。在设计问卷调查表时,请记住以下几点:

① 你需要为同学们提供需要识别的星座的图片或挂图。

② 当同学们观看星座图片并进行识别时,你需要为他们提供一个表格以总结相关情况。

③ 在问卷调查开始以前,你要决定需要邀请多少位同学参加。邀请的同学越多,取得的调查结果越准确。

2. 完成问卷调查计划和问卷调查表的草稿,拿给教师审阅。在得到教师的批准以后,开始进行问卷调查。如果没有得到批准,进一步修改后再拿给教师审阅。

第二天

1. 进行问卷调查,记录相关结果。

2. 在数据表中编辑整理相关实验数据。

数 据 表

星座的名称	能够识别出该星座的学生总数
1	
2	
3	
4	
5	
6	
7	
8	
9	
10	

分　析

1. 为什么要邀请许多学生参加这个问卷调查？

2. 你们学校的学生总数是多少？参加问卷调查的学生占全校学生的百分比是多少？在计算该百分比时，可以使用下面的公式：

百分比＝参加问卷调查的学生总数／全校学生总数×100％

3. 在参加问卷调查的学生当中，有百分之多少的学生可以识别 10 个星座？

4. 有没有所有参加问卷调查的同学都能识别的星座？如果有，是哪些星座？

5. 有没有所有参加问卷调查的同学都无法识别的星座？如果有，是哪些星座？

实验中将会发生什么？

当你观测夜空时，你会发现很难识别那些星座，因为绝大多数的星座看上去并不像名字所描述的那样。古代的天文学家在为星座命名时，主要是考虑要纪念他们喜欢的人物和动物。在 88 个星座的名字当中，有 19 个与陆生动物有关，这其中就包括了狐狸、蝎子、公牛、孔雀、熊、山猫和狼；29个与无生命的物体有关，这其中就包括了空气泵、祭坛、指南针和皇冠；剩余的星座的名字除了与水生动物、鸟类、昆虫有关以外，还有的与半人半马的怪物、头发、龙、蛇、飞马和河流有关。

与现实生活的联系

虽然古代天文学家们为我们留下的天文观测书面记录非常少见，但是今天的科学家对于古代天文学对地理位置的判断还是非常相信的。这些天文学家针对星座所进行的天文观测及相关记载是在北纬36°的地区完成的，也就是美索不达米亚和巴比伦地区。然而，他们没有观测到南半球夜空里的星座，因为这些星座显然不在他们的观测范围之内。关于星座的相关知识很快传到了古希腊和古埃及。在公元150年古埃及的科学家托勒密(约100—170)出版的一本著作中，包含了48个星座的信息。关于这些星座的知识，构成了今天的星座体系的基础。随着时间的推移，这些天文学知识又被传到了其他国家，各国的科学家们将他们的新发现不断地补充进去。荷兰的制图学家吉哈德斯·墨卡托(1512—1594)在1551年发现了新的星座；荷兰探险家和航海家皮特·科瑟(1540—1596)和弗雷德里克·霍特曼(1571—1627)在17世纪早期也发现了新的星座；波兰天文学家约翰尼斯·赫维里乌斯和法国天文学家尼古拉斯·路易斯·拉卡雷(1713—1762)也在这一领域内作出了重大的贡献。

想要了解更多吗？

参见附录中"我们的发现"。

实验 16 宇宙的大小

题 目

宇宙中的距离实际很远,但却可以在一个很小的距离等级系统中体现出来。

简 介

当你遥望夜空时,可以观测到恒星、行星甚至更遥远的星系。然而,你无法分辨出这些天体距离地球究竟有多远。宇宙中的天体间的距离是非常巨大的,以至于无法对它们进行直接的度量。所以,天文学家们利用视差效应对它们进行了间接的度量。所谓视差效应,是指当我们从两个不同的观测点对同一背景下的某个天体进行观测时,这个静止的天体会出现明显的位移。这种看上去的位移是由于两个观测点与这个天体之间的距离是不同的。通过视差效应和其他测算方法,天文学家们可以计算出数据表中所列出的天体与地球之间的实际距离。

注意数据表中用光年作为距离的单位。光的速度是非常惊人的,可以达到每秒钟 299 792 258 米。在一年当中,一束光可以穿行 9 460 800 000 000 千米。这意味着:如果你看到了一个距离为 1 光年的天体,到达你的眼睛的这束光线在 1 年前已经离开了那个天体。在这个实验中,你将研制出一个使用公制单位的距离等级系统,它可以体现出地球与宇宙中的几个天体之间的相对距离。

实验时间

55 分钟

实验材料

- 米尺
- 9 张目录卡片或者 9 张小纸条或者 9 个其他物体（用来代表不同的天体）
- 彩色铅笔
- 胶带
- 曲别针
- 实验记录本

> **安全提示**
>
> 请仔细阅读并遵守本书"实验前必读"中的"安全准则"。

实验步骤

1. 仔细阅读数据表，表中显示了地球与宇宙中一些天体之间的距离。在这些天体中，既有恒星又有星系。距离的单位是光年。注意月球、太阳和行星并没有被列在这个数据表中，这是因为它们与地球之间的距离还不足 1 光年。

2. 你的任务是研制一个距离等级系统，它可以显示那些遥远的天体与地球之间的相对距离。例如，你用 1 厘米来代表 100 光年，那么按照同样的标准，银河系的中心距离地球有 3.8 米。当然，你也可以用 1 厘米来代表 10 光年，那样的话，银河系的中心距离地球有 38 米。你只需要研究数据表中列出的 8 个天体。

3. 选好距离等级以后，剪下一段绳子来代表整个距离。

4. 决定要体现出哪些天体的距离，你可以使用目录卡片、图画或其他任何物体来代表所要体现的天体。然后，将这些代表天体的东西沿着绳子放好。

5. 将卡片、图画或其他任何代表天体的物体固定在绳子上(图2)。

数 据 表

天体的名称	对 天 体 的 描 述	天体与地球之间的距离(光年)
半人马座 α 星	半人马座 α 星是距离地球最近的恒星。	4.27
天狼星	它是夜空中最明亮的星星,它是大犬星座的一颗星,也被称为"犬星"。(图1)	8.7
大角星	它是牧夫座中最亮的星星。	36
昴宿星团	这个星团由大约100颗恒星组成,也被称为"七姊妹"。	400
参宿四	参宿四是猎户座中第二亮的星星。	520
天鹅四	它是天鹅座中最亮的星星。	1 600
蟹状星云	它是由宇宙中的尘埃和气体所组成的,它是1054年一颗恒星发生爆炸后的残留物。	4 000
银河系的中心	在银河系中有大约5 000亿颗恒星,我们的太阳系也在银河系中。	38 000
麦哲伦星系	这些较小的星系离我们的银河系相对较近。	150 000
仙女星系	仙女星系是与银河系结构非常相似的"近邻"。	2 200 000

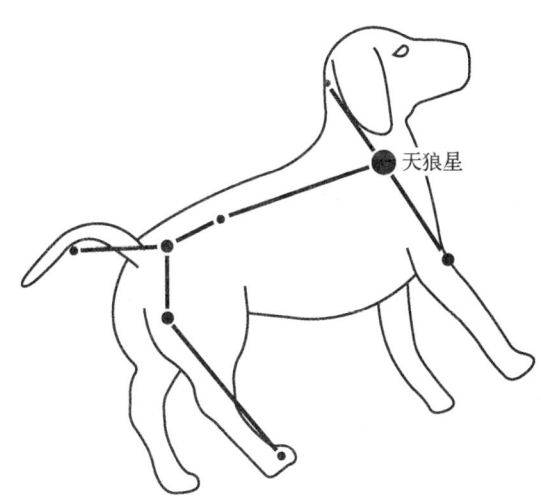

图1 位于大犬星座的天狼星(犬星)

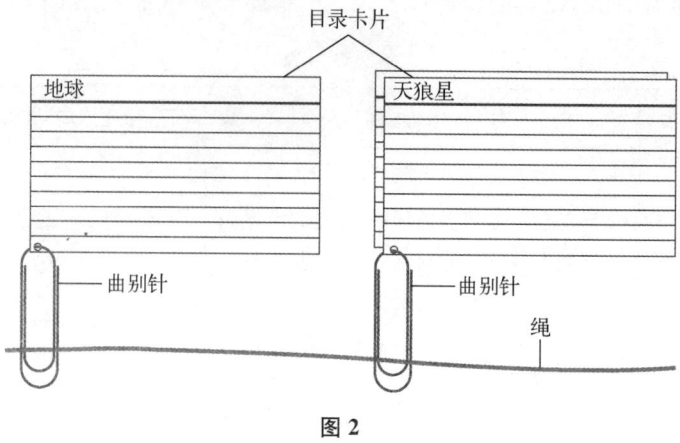

图 2

分　析

1. 在你设定的距离等级中,多少长度代表 100 光年?
2. 月球距离地球 386 242 千米,为什么你的尺子无法体现出月球?
3. 解释一下,为什么观测一颗距离 10 光年的星星就好像看到了过去?
4. 太阳光需要 8.4 分钟就可以到达地球。如果已知光的运行速度为 186 000 米/秒,那么计算一下,太阳与地球之间的距离是多少?
5. 一些遥远的星系的光尚未到达地球,我们能否观测到它们,解释一下原因。

实验中将会发生什么?

　　观测天文距离是一件非常困难的事情,因为我们在地球上是根本无法体验到天文距离的。假设你现在在一枚火箭上,这枚假想中的火箭正以大约每小时 96 千米的速度进行运动,这一速度只不过是高速公路上普通的车速。如果这枚火箭离开地球,不停歇地飞往太阳,那么到达目的地需要 180 年的时间。而光只需要 8 分钟就可以完成这段旅程。

　　为宇宙中的天体确定距离等级,可以使我们了解宇宙的浩瀚。当我们使用"光年"作单位时,传统意义上的"近"与"远"已经被赋予了新的内涵。我们不能把月球、太阳和行星涵盖在这一等级系统内,因为与其他天体相比,它们离我们太近了。如果我们以光的速度进行运动,那么我们只需 1.2 秒的时间就可以到达月球。光到达离我们最近的行星——金星也只需要 2.5 分钟。

在这种等级体系中,我们应该像审视时间运动一样审视距离。当我们看到来自遥远天体的光线时,我们实际上看到的是过去的天体。当我们看到遥远的星系时,我们实际看到的是几百万年前离开它们的光线。要想了解那些天体现在的状况,我们就得以比光速还快的速度飞向它们。根据阿尔伯特·爱因斯坦提出的相对论,没有什么物质能比光运动得更快。由于一些星系离我们太远了,所以它们发出的光线还没有到达地球。一些天体离地球太远了,以至于它们发出的光线将永远无法到达地球。

与现实生活的联系

宇宙的年龄大约为 137 亿年。所以,一些早期形成的星系所发出的光线,已经在宇宙中穿行了 130 多亿年。然而,这并不能说明宇宙的大小,因为宇宙在不断地膨胀。宇宙起源于一个由某种物质构成的小点,这个小点后来在短时间内经历了急剧的膨胀,也就是所谓的"创世大爆炸"。今天的宇宙大约相当于原始宇宙的 1 000 倍,这也意味着宇宙的直径有可能是 1 570 亿光年。

科学家们之所以认为宇宙是在不断地膨胀,是因为他们发现一些星系正在远离我们。然而,星系并不像你抛给朋友的球体一样,星系本身是静止的,只不过它们之间的空间被拉伸了。为了想象出这种膨胀效果,可以想象一块胶皮上有 2 个墨水印记。随着胶皮被拉伸,这两个印记在彼此远离。并非宇宙中所有的物质都在膨胀。地球、月球、行星和太阳就不受这一现象的影响。在相对较小的太阳系内,甚至在整个银河系内,引力的效应克服了张力的效应。只有从整个宇宙的角度去审视,才能理解宇宙的膨胀现象。

想要了解更多吗?

参见附录中"我们的发现"。

实验17 火箭科学

题 目

火箭负载的重量将会影响火箭的飞行时间。

简 介

你将一个气球吹起来,然后将它放飞,接下来所发生的一切将会是你再熟悉不过的现象了。这个气球在房间里飞行了几秒钟之后,就会掉到地上。放飞气球的这种生活经历将让你对火箭及其运行原理有更多的了解。

火箭之所以能够向前飞行,是由于火箭可以通过位于其后部的排气管向外喷射出快速运动的流体。这些流体会赋予火箭一种向前的推力,即前冲力。流体从火箭中流出的速度越快,产生的前冲力就越大。火箭助推原理是建立在艾萨克·牛顿提出的第三运动定律的基础上。该定律指出:对于任何一个作用力,都存在一个与其大小相等,方向相反的反作用力(图1)。

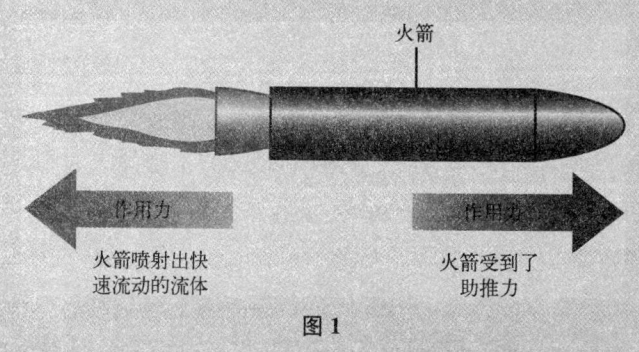

图1

火箭的助推力必须足以克服地球的引力,这样它才能带着搭载在火箭上的各种物资(即负载)飞离地球。如果从火箭中流出的液体不足,火箭就无法到达目的地,最终坠落在地球的表面。因此,工程技术人员在设计火箭及其负载和助推燃料的数量时,必须考虑到一个平衡的问题。在本次实验中,你将发现火箭负载的重量是如何影响火箭的飞行时间的。

实验时间

55分钟

实验材料

- 到户外进行实验的条件
- 航空专用胶水
- 火箭模型组件
- 火箭模型发射台和火箭模型回收器
- 火箭模型发动机
- 火箭模型点火装置
- 三梁式天平或电子秤
- 细磨砂纸
- 单面的剃须刀片
- 剪刀
- 白胶
- 黑色马克笔
- 秒表
- 用建模黏土制成的体积不大的球体(体积与半个网球大体相当)
- 实验记录本

安全提示

必须在微风或无风的天气条件下,在室外进行火箭模型的发射实验。不要在干草或其他易燃的植物周围进行火箭模型发射实验。在进行火箭模型发射时,必须站在至少距离发射点 4.6 米的地方。必须使用火箭模型自带的电子发射装置,不能使用保险丝或火柴。在连接电线和夹子时,一定要保证点火安全钥匙已经被移开。确保火箭模型发射台的平稳,从而保证在发射的过程中它不会翻倒。本实验必须在成年人的监管下进行。此外,请仔细阅读并遵守本书"实验前必读"中的"安全准则"。

实验步骤

1. 进行团队合作,根据说明将火箭模型组件组装成火箭模型。在组装的过程中会使用砂纸、航空专用胶水、白胶和剪刀。

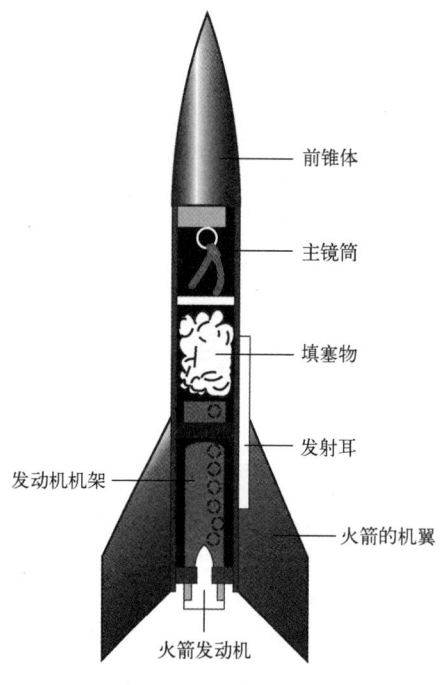

图 2

2. 用马克笔在你的火箭模型上写上数字或英文字母,用来进行识别,并和其他同学的火箭模型区分开来。

3. 将火箭模型的发动机放置在火箭发动机的机架上(图 2),陶瓷喷嘴需要对着火箭模型的底部。

4. 确定火箭自身的重量,利用建模黏土来增加火箭模型的重量,使其达到教师规定的重量。将火箭模型的重量记录在数据表中。在数据表中,还要记录其他小组的火箭模型的重量。为了记录下所有的数据,可以适当增加数据表的篇幅。

5. 将火箭模型的点火装置放置在其

发动机的底部,将电线略微弯曲一下,但要保证它们彼此之间是分开的,用不透明的胶布将电线固定在火箭模型的相关位置上。

6. 将火箭模型的发射装置放置在户外的一个平坦的地方。保证火箭模型的发射装置放置平稳而不会发生倾斜。

7. 在准备进行火箭模型发射时,将发射耳迅速地挂在发射架的柱上。将点火装置的电线与发射架的夹子相连接。在连接之前,发射架的安全保障系统必须进入工作状态。

8. 将火箭模型放置在发射台上,并保证它能够沿垂直方向运动。保证没有人站在发射点的附近。倒计时,然后按下点火按钮。用秒表来记录火箭的飞行时间。并将飞行时间记录在数据表中,单位为秒。

9. 了解其他小组的火箭模型的飞行时间,并将它们记录在数据表中。通过分析实验数据,来了解火箭的重量与火箭的飞行时间究竟有怎样的联系。

数 据 表

火箭模型的代号	火箭模型的重量	火箭模型的飞行时间(秒)

分　析

1. 为什么火箭模型的机翼一定要对齐?
2. 为什么火箭模型需要发射耳?
3. 为什么火箭模型的电线彼此不能相碰?
4. 为什么火箭发动机能够帮助火箭完成星际旅行,却不能用在喷气式飞机上?
5. 根据实验结果,火箭的重力会如何影响火箭的飞行时间?

6. 如果可能的话，利用简易火箭模型再进行一次实验。

实验中将会发生什么？

作用于火箭的各种力量包括推力、重力和阻力。阻力是一种使运动物体的运动速度减慢的一种力量。火箭的重量取决于它的体积、结构和所携带的燃料。在火箭的技术研究中，火箭的重量是一个需要考虑的复杂的变量。因为火箭的燃料实在是太重了。火箭一旦被发射，就开始通过燃烧燃料来减轻重量。所以，火箭的重量是不断变化的。然而，对于火箭模型来说，燃料的重量则是一个次要的因素。火箭模型的重量主要取决于它的结构和负载。

火箭的发动机与喷气式飞机的发动机非常类似（许多大型飞机均采用这种发动机）。这种类型的发动机被称为反作用力发动机。具体说来，它们主要是依靠压力状态下的气体所产生的推力。也就是说，压力状态下的气体从火箭或飞机的尾部作为废气被释放出来，进而推动火箭或飞机向前运动。然而，火箭与喷气式飞机还是有一些重要的区别的。喷气式飞机携带着燃料，并依靠空气中的氧气作为助燃剂。由于太空中没有氧气，火箭除了要携带燃料以外，还要携带助燃剂。上述两种类型的化学物质被统称为火箭的推进燃料。这些推进燃料的重量非常重，总重量差不多占火箭重量的90%。火箭一旦被发射升空，推进燃料会在很短的时间内发生燃烧。例如，搭载宇航员飞向月球执行美国国家航空航天局"阿波罗号任务"的土星5号火箭，在不到3分钟的时间内，就燃烧掉了212万升的推进燃料。

与现实生活的联系

很久以前，人类就开始利用火箭作为武器。美国国歌的词作者弗朗西斯·斯科特·凯伊（1779—1843）律师在歌词中就提到了"火箭红色的火焰"，这里实际上指的是在1812年战争中所使用的燃烧火箭弹。这种武器是由英国军官威廉·康格里夫（1772—1828）爵士研制出来的。这种装置实际上就是在一个铁箱子里燃烧黑色的火药。此外，还有一个用来平衡整个装置的操纵杆。另外一位英国发明家威廉·希尔（1797—1870）发明了一个类似的火箭。不过，这种火箭没有操纵杆。在1846—1848年的美国与墨西哥战争期间，美军使用了希尔所研制的火箭。这种火箭在美国内战中也得到了一定程度的应用。

想要了解更多吗？

参见附录中"我们的发现"。

实验 18　测算火箭模型的飞行高度和飞行速度

题　目

我们可以通过实验来确定火箭模型的飞行高度和飞行速度。

简　介

当我们进行火箭模型的发射实验时，火箭模型首先会飞向天空，然后再落回地面，整个过程会持续短短几分钟的时间。在这么短的时间内，我们很难对火箭的飞行高度和飞行速度作出判断。为了解决这个问题，我们必须在火箭的飞行过程中进行一些测算工作。

测斜仪是用来测量物体倾斜角度的一种仪器。我们可以利用它的测量结果来计算物体的高度。天文学家们利用测斜仪来测算不同天体与地球之间的距离。当然，这种仪器不仅仅适用于天文学研究。森林的管理者会利用它来测算天然岩石结构的高度、斜坡的等级以及树木的高度。气象学家们利用它来测算云层的高度。工程师和建筑师们利用它来确定建筑物的安全等级。一些滑雪爱好者会随身携带测斜仪利用它来测算雪坡的安全等级，因为在非常陡峭的雪坡上进行滑雪可能会引发危险的雪崩。在这个实验中，你将自己制作一个简易的测斜仪，并利用它来测算火箭模型的飞行高度和飞行速度。

实验时间

55 分钟

实验材料

- 可在户外进行实验的场所
- 大约 30 厘米长结实耐用的黑线
- 计算器
- 钓鱼时使用的测深锤或者其他重量较轻的可以绑在线上的物体
- 直径比较大的吸管
- 分度器
- 组装好的可以随时使用的火箭模型
- 火箭模型发射器
- 秒表
- 卷尺
- 实验记录本

安全提示

必须在微风或无风的天气条件下,在室外进行火箭模型的发射实验。不要在干草或其他易燃的植物周围进行火箭模型发射实验。在进行火箭模型发射时,必须站在至少距离发射点 4.6 米的地方。必须使用火箭模型自带的电子发射装置,不能使用保险丝或火柴。在连接电线和夹子时,一定要保证点火安全钥匙已经被移开。确保火箭模型发射台的平稳,从而保证在发射的过程中它不会翻倒。本实验必须在成年人的监管下进行。此外,请仔细阅读并遵守本书"实验前必读"中的"安全准则"。

实验 18　测算火箭模型的飞行高度和飞行速度

实验步骤

1. 与同伴进行合作制作一个测斜计。

① 将吸管粘在分度器的直线边缘上,注意不要把吸管弄坏了。同时还要注意将吸管粘在与数字相对的一面。在这里,吸管起到了接目镜的作用(图1)。

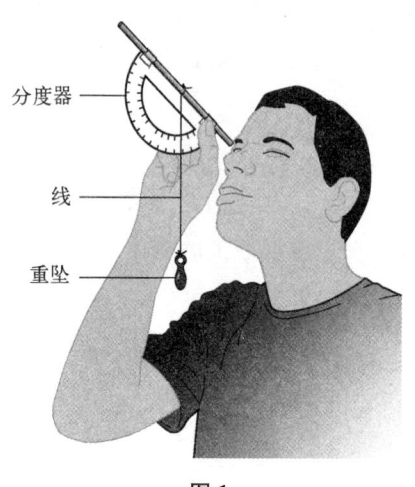

图 1

② 将黑线从分度器的洞中穿过,从而形成了一个重垂线。

③ 将钓鱼时使用的测深坠系在黑线的末端。

2. 将火箭模型放置在火箭发射器上。

3. 让同伴手持测斜计站在距离发射点100米的地方,你自己要站在发射点,手持秒表并准备按下点火按钮。

4. 发射火箭模型,并同时开始用秒表计时。

5. 在火箭处于上升阶段时,你的同伴用测斜仪的接目镜(吸管)对火箭的飞行状态进行观察。

6. 当火箭上升至最高点时,你的同伴大喊一声"现在",然后用力使重垂线向分度器的方向靠拢,并保持当时的位置,同时停止用秒表计时。

7. 将秒表上的时间记录在实验记录本上。

8. 同伴读出接目镜与线之间的角度,并将火箭的飞行角度记录在实验记录本上。

9. 按以下步骤确定火箭的飞行高度。

① 用90°减去步骤8得出的计算结果,得出角度 θ 值。

$$\theta = 90° - 你的读数$$

② 在数据表中查出角度对应的正切值。

③ 将正切值乘以同伴距发射点的距离100米,就可以得出火箭的飞行高度。

$$火箭的飞行高度 = 100 \text{米} \times \tan\theta$$

④ 为了计算出总高度,必须把同伴的身高考虑在内。

总高度＝100 米×tan θ＋同伴的身高

数 据 表

角 度	正切值	角 度	正切值	角 度	正切值
0	.000 0	25	.466 3	50	1.191 8
1	.017 5	26	.487 7	51	1.234 9
2	.034 9	27	.509 5	52	1.279 9
3	.052 4	28	.531 7	53	1.327 0
4	.069 9	29	.554 3	54	103 764
5	.087 5	30	.577 4	55	1.428 1
6	.105 1	31	.600 9	56	1.482 6
7	.122 8	32	.624 9	57	1.539 9
8	.140 5	33	.649 4	58	1.600 3
9	.158 4	34	.647 5	59	1.664 3
10	.176 3	35	.700 2	60	1.732 1
11	.194 4	36	.726 5	61	1.804 0
12	.212 6	37	.753 6	62	1.880 7
13	.230 9	38	.781 3	63	1.962 6
14	.249 3	39	.809 8	64	2.050 3
15	.267 9	40	.839 1	65	2.144 5
16	.286 7	41	.869 3	66	2.246 0
17	.305 7	42	.900 4	67	2.359
18	.324 9	43	.932 5	68	2.475 1
19	.355 3	44	.965 7	69	2.605 1
20	.364 0	45	1.000 0	70	2.747 5
21	.383 9	46	1.035 5	71	2.904 2
22	.404 0	47	1.072 4	72	3.077 7
23	.424 5	48	1.110 6	73	3.270 9
24	.445 2	49	1.150 4	74	3.487 4

续 表

角 度	正切值	角 度	正切值	角 度	正切值
75	3.732 1	81	6.631 38	87	19.081 1
76	4.010 8	82	7.115 4	88	28.636 3
77	4.331 5	83	8.144 3	89	57.290 0
78	4.704 6	84	9.514 4	90	—
79	5.144 6	85	11.430 1	—	—
80	5.671 3	86	14.300 7	—	—

分 析

1. 利用下面的公式来计算火箭的飞行速度

火箭的飞行速度＝总高度(米)/火箭的飞行时间(秒)

2. 至少列举出2个影响火箭飞行高度的因素。

3. 如果火箭发动机的推力恰好等于火箭的重量,会发生怎样的情况?

4. 你所计算出来的火箭的飞行速度是火箭飞行的平均速度还是最快速度,为什么?

5. 在计算飞行高度的公式中,为什么包含了同伴距发射点的距离?

实验中将会发生什么?

测斜计用来测量不易直接测量的高度,高大树木的高度、高耸旗杆的高度以及火箭模型的飞行高度就是众多实例中的典型代表。当几个人利用测斜计对同一物体的高度进行测量时,得出的结果可能略有不同。只要这种差异在5°—10°之间,就是完全正常的。在计算时,为了达到最佳的效果,我们可以取几个人测量结果的平局值。

如果你想为火箭的飞行绘制一张草图,那么大致可能像图2所描绘的样子。在这张图中,X轴代表目视的水平面,Y轴代表火箭的飞行高度。正如图中左下角出的显示,测斜计体现出视平面与火箭飞行高度之间的夹角。如果已知距离,

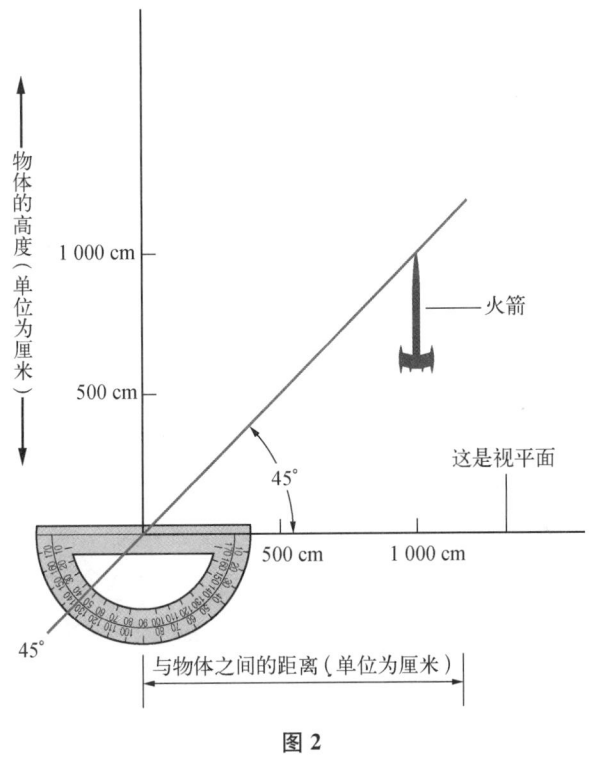

图 2

就可以利用图中的原理计算出火箭的飞行高度。

与现实生活的联系

在北极星和测斜计的帮助下,你可以确定自己所在的纬度。北极星差不多正好位于北极的上空。由于地球在众多星星的下方沿着地轴进行自转,所以在我们上方的绝大多数星星看上去好像沿着一个圆形的轨道慢慢地运动。但由于北极星位于我们的正上方,所以它的位置是保持不变的。正是由于这个原因,北极星可以成为一个很好的参照物。当你在夜空中找到北极星时,你就可以确定哪个方向是北方。如果你能测量出北极星与地平线之间的夹角,那么你就可以确定自己所在的纬度。

为了找到北极星,先要确定北斗七星的方位。北斗七星看上去就像一个带长把的茶杯。找到构成茶杯右侧的 2 颗星星(图 3)。位于下面的是天璇,即北斗二;位于上面的是天枢,即北斗一。沿着这两颗星星的方向向外引一条虚线,进而找到另一颗更大的星星，即北极星。你可以在夜空中在北极星的右侧寻找仙后星座，这个星座看上去是一个扁的 W 形。通过这种方法，我们可以证明上面的理论。

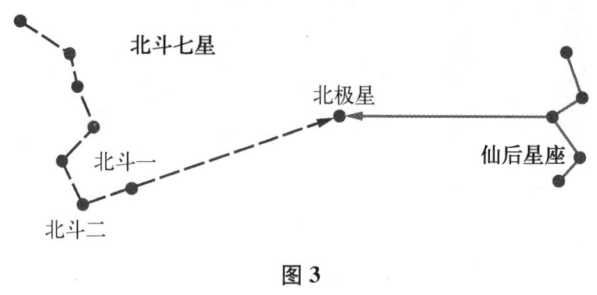

图 3

想要了解更多吗？

参见附录中"我们的发现"。

实验 19　制作直角仪

题　目

我们在家里或者在实验室里可以利用一些材料来制作早期天文学家们使用的直角仪。

简　介

在全球卫星定位系统出现之前,科学家们是依靠一些相对简单的仪器来确定方位。其中,早期的天文学家和航海家们就使用了一种叫雅各布直角仪的仪器。天文学家们利用这种仪器可以测算恒星之间的角距离,进而确定恒星的位置。航海家利用这种仪器可以确定他们所处的纬度。具体说来,就是把航海家所在的位置同太阳或北极星的位置进行比较。

直角仪是由一块长木或其他原料制成的。在直角仪上有一块横木,可以来回滑动。在横木上面装有2个瞄准的装置。在测算2颗恒星之间的角度时,天文学家们通常会将直角仪放置在低于水平面的地方。然后,通过调节直角仪使2个瞄准的装置都对准恒星。在本次实验中,你将学会如何制作一个简易的直角仪。

实验时间

45分钟

实验材料

- 米尺
- 30 厘米的木尺
- 纸板
- 2 张目录卡片
- 剪刀
- 几块胶皮
- 小型订书机
- 实验记录本

安全提示

请仔细阅读并遵守本书"实验前必读"中的"安全准则"。

实验步骤

1. 以米尺作工具,利用纸板和胶皮做一个筒状物。

① 剪下 1 块纸板,纸板的长度和宽度分别大约为 12 厘米和 5 厘米。

② 将纸板进行折叠,使其完全把米尺包裹住,进而形成一个筒状物。

③ 将折叠好的纸板滑到米尺的一端。

④ 用胶皮将折叠好的纸板包起来,一定要包得紧一些,这样筒状物就是一个整体。但是不要包得太紧,因为筒状物还需要沿着米尺进行移动。用 2 块胶皮在筒状物的上方形成一个 X 形。

2. 制作横木。在这一过程中,首先小心地将木尺推到包裹筒状物的 X 形胶皮的下方,要保证木尺与米尺垂直。X 形胶皮的交叉应该出现在木尺的正中间(图 1)。

3. 制作 2 个更小一些的筒状物,使它们恰好可以放置在横木的两端。

① 剪下 2 块纸板,纸板的长度和宽度分别大约为 12 厘米和 3 厘米。

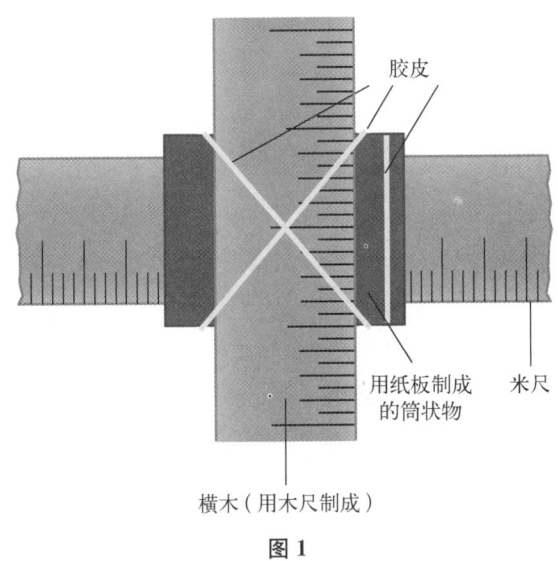

图1

② 将1块纸板缠在横木的右端,然后用胶皮固定好。再用2块胶皮在筒状物的表面制作一个X形。

③ 重复实验步骤3②,在横木的左端在制作一个筒状物。

4. 在2个小型筒状物的上方制作2个支架。

① 剪下2块纸板,纸板的长度和宽度分别大约为1.5厘米和10厘米。

② 将一个纸板在筒状物的表面滑动,使其穿过X形的胶皮,并与横木相垂直。纸板的中心应该位于X形胶皮的下方。将另外一个纸板放置在另外一个筒状物上。

③ 将纸板弯曲折叠使它们可以支撑目录卡片的重量,目录卡片的具体做法请参考实验步骤5。

5. 在每张目录卡片上剪出一个相对较宽的缝隙,缝隙的宽度和长度分别为大约4毫米和4厘米。

6. 将一张目录卡片插入支撑纸板的两个直立部分之间,这个支撑纸板就是我们根据实验步骤4制成的。当目录卡片被放置好以后,它的缝隙应该与横木相垂直。用订书机将目录卡片订在支撑纸板上。利用另一张目录卡片和支撑纸板,重复同样的实验步骤(如果支撑纸板太长,可以用剪刀将它们剪短)。

7. 制成的直角仪应该图3所示的那样。拿直角仪时,要使米尺的一端停留在位于眼部下面的面颊上。目测一下米尺的长度。天文学家们为了对准 2 颗星星,将使这个仪器位于它们之间,然后通过缝隙来观察星星的位置。

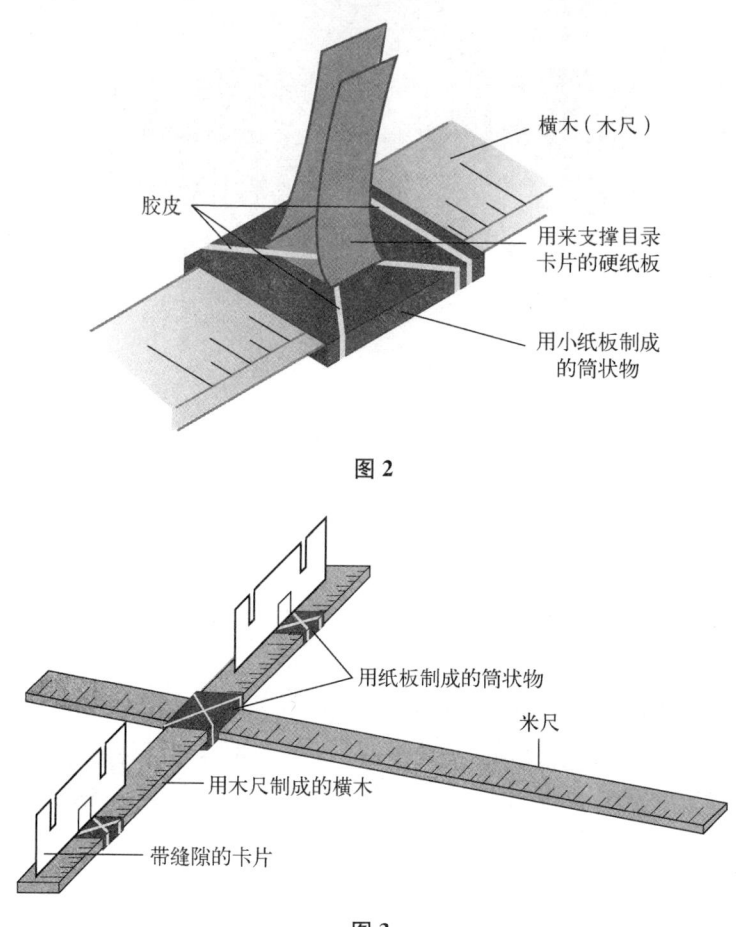

图 2

图 3

分　析

1. 早期的航海家是如何使用直角仪的?
2. 早期的天文学家是如何使用直角仪的?
3. 直角仪上的筒状物有何作用?
4. 目录卡片上的缝隙有何作用?
5. 列举出直角仪的一些其他用途。

实验中将会发生什么？

利用直角仪进行的角测量可以帮助人们测算距离。当天文学家利用直角仪观测到 2 颗星星时，就会降低直角仪的观测高度，然后分别测量眼睛与横木之间的距离以及直角仪中心点与观测到的天体之间的距离。然后，利用简单的数学公式就可以计算出角距离来。

直角仪各部分的使用原理相对比较简单。筒状物的存在使横木可以来回移动，从而使观测者透过缝隙观测到要观测的天体。每张目录卡片上有两条缝隙：当被观测的天体距离较远时，就是用内侧的缝隙。在观测相对较近的天体时，外侧的缝隙更加有用。

与现实生活的联系

迦勒底的天文学家们在大约公元前 400 年时首先使用了直角仪。在公元 14 世纪，德国的数学家和天文学家约翰尼斯·维尔纳（1468—1522）指出：对于航海家来说，直角仪是一种非常有用的仪器。当时，直角仪是由一种长度为 91 厘米的东西制成的，在它的表面有 4 个体积递减的横木。天文学家们将这种装置放置在眼前，然后来回移动横木，直到这个装置的顶端与所要观测的星星在一条直线上时为止。此时，它的较低的边缘与地平线在一条直线上。这样一来，就可以在直角仪上读出星星的高度。

想要了解更多吗？

参见附录中"我们的发现"。

实验 20　视差效应

题　目

视差效应可以被用来确定天体之间的角距离。

简　介

你测算过星星之间的距离吗？正如你所想象的，我们无法对星星之间的距离进行直接的测量。天文学家们往往使用间接的方法来测算遥远的距离。进行间接测算的一种方法是利用视差效应，这是因为：随着观测者的观测点的变化，天体看上去会发生位移。当你开车行驶在高速公路上时，你会从不同的地点看到同一个遥远的物体，这时你就体会到了"视差效应"。如图 1 所示，一个观测者看到山的前面有一棵树，但由于观测者的移

图 1

动会使树的位置看上去也发生了改变。然而,谁都知道:实际上树并没有移动,而只是看上去好像移动了。

随着时间的推移,某颗星星在夜空中的位置看上去发生了改变,这种位移是以遥远恒星所构成的背景作为参照物的。这种表面上的变化是由于:随着地球的自转,观测者的位置发生了改变。天文学家们利用在两个不同的时间点观测到的恒星的位置来确定它的实际位置。在这个实验当中,你将利用视差效应来测算距离。

实验时间

55分钟

实验材料

- 直尺
- 计算器
- 有机会到户外去观测夜空
- 墙或黑板
- 直角仪(商用的或者像实验19那样自制的)
- 实验记录本

安全提示

在户外进行实验时,一定要加小心。请仔细阅读并遵守本书"实验前必读"中的"安全准则"。

实验步骤

第一部分

1. 为了观察视差效应,在面前伸开双臂并举起一个手指。
2. 将手指放在墙或黑板上的一个点的前面,并盖住这个点。
3. 闭上一只眼睛观察你的手指,让同伴在墙上或黑板上做一个标记,标记所在之处就是被你的手指盖住的地方(你需要向同伴指出应该做出标记的地方)。
4. 闭上另外一只眼睛再次观察你的手指,让同伴在墙上或黑板上再做一个标记,标记所在之处就是现在被你的手指盖住的地方。测算出 2 个标记之间的距离。
5. 回答分析中的第 1 题和第 2 题。

第二部分

1. 跟着教师来到户外的观测点。
2. 用几分钟的时间让眼睛适应户外黑暗的环境。
3. 你将使用直角仪,并根据视差效应来确定 2 颗星星之间的角距离。首先,确定你要测量距离的 2 颗星星。例如,你可以选择北斗七星中最明亮的 2 颗星星。
4. 直角仪除了包括必要的材料以外,还包括 1 个带滑块的横木和 2 张带缝隙的卡片。将横木滑到差不多中间的地方。将直角仪向上拿起,对准 2 颗星星之间的中点。

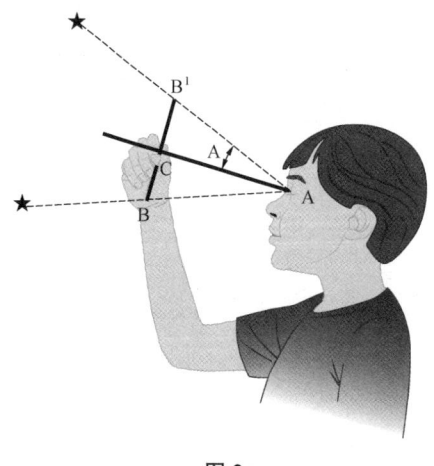

图 2

5. 调节横木上的滑块,直到卡片上的缝隙排成一排,这样你就可以通过不同的缝隙观测到不同的星星(图 2)。注意每张卡片上有 2 条不同的缝隙。你要么使用位于内侧的那组缝隙,要么使用位于外侧的那组缝隙。
6. 降低直角仪的高度,测量出 2 条缝隙之间的距离。
7. 计算出 2 颗星星之间的角距:
用尺子测量出 2 条缝隙之间的距离(B 到 B^1),单位为厘米。例如,1 颗星星是在 10 厘米的标记处被观测到的,而另 1 颗星星是在 15 厘米处被观测到的,那么它们之间的角距为 5 厘米或 5°。

8. 回答分析部分的其他问题。

分 析

1. 当你换一只眼睛进行观测时,你的手指的位置看上去发生了怎样的改变?
2. 你的两眼之间的距离只有几英寸,那么又如何解释你的手指的位置的明显改变呢?
3. 直角仪的功能是什么?
4. 为什么天文学家们要研究星星之间的角距?
5. 你认为在什么情况下视差效应会失去作用?

实验中将会发生什么?

角距离在天文研究的过程中是非常有用的。当你测算出 2 颗星星之间的角度时,就可以利用视差效应计算出它们之间的距离。首先,要测算出某颗星星在恒星背景下的位置;6 个月以后,在同样的恒星背景下再一次测算这颗星星的位置。在 6 个月当中,角距离的变化等于 2.99 亿千米,这一数值恰好相当于地球运行轨道的直径。图 3 向人们展示了如何进行相关的测算。

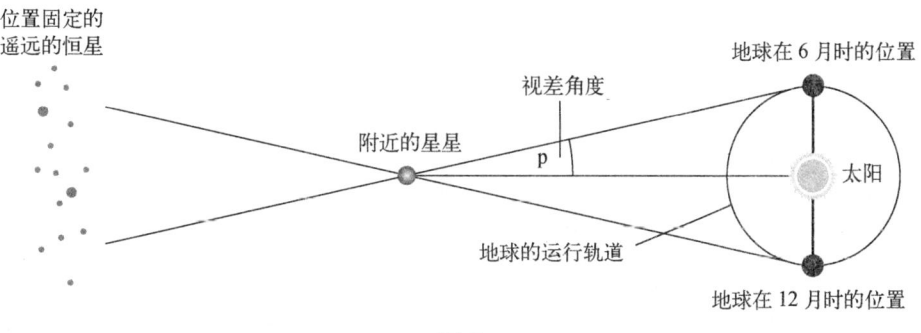

图 3

对恒星距离的测算是建立在三角计算的基础上。利用这种方法,在已知三角形的角度和一条边长度的情况下,可以计算出三角形其他几条边的长度。在这个实验中，由直角仪和所要测算的星星构成了一个非常狭长的三角形。横木的一半构成了三角形的底边，你所要测算的星星之间的距离构成了三角形的一条边。

与现实生活的联系

天空中的星星看上去是在不断地移动。然而，它们表面上的位置移动是地球位置改变所带来的视差所导致的。在一年的不同时间里，对同一颗星星的位置进行观测，就会感受到星星的视差。虽然我们在地球上同样可以对天空中的星星进行观测和测算，但是地球的大气层和磁场会影响观测和测算的准确度。1989年发射的依巴谷天体测量卫星（高精确度视差收集卫星）解决了上述问题。由于它所处的特殊位置，这颗卫星测算视差的精确度是通常情况下的10倍。在太空服役期间（1989—1993），这颗卫星收集了10万颗星星的相关数据信息。这一工作量显然是非常庞大的。但是如果从整个银河系的角度来看，它还不足研究总量的1‰。2011年，欧洲航天局将发射盖亚号航天器，这个航天器可以测算距离地球更远的星星。

想要了解更多吗？

参见附录中"我们的发现"。

附 录

实验环境的设置

根据实验所需的材料和仪器,可以对实验进行如下分类:

对于那些在"学校实验室"项下的实验而言,实验所需的材料和器材只能在学校的实验室里找到。这些实验必须在教师或成年人的监管下进行。

对于那些在"家庭"项下的实验而言,实验所需的材料都是日常生活中常用的东西。一些实验可以在家里进行,但是需要有成人监管。

对于那些在"户外"项下的实验而言,既可以在学校进行,又可以在家里进行,但需要有成年人监管。

学校实验

实验 5 太阳能电池板的作用究竟有多大?
实验 7 利用简易分光镜识别各种气体
实验 15 谁知道 10 个星座?

家庭实验

实验 1 可见光和红外光
实验 2 日冕喷射
实验 4 土星环

实验 10　光线的强度是如何随着距离的变化而变化？

实验 11　手电筒的光亮等级

实验 12　曙暮光可以延续多长时间？

实验 14　惯性定律

实验 16　宇宙的大小

实验 19　制作直角仪

户外实验

实验 3　电磁能量的速度

实验 6　撞击力所产生的动能

实验 8　通过简易望远镜观测木星

实验 9　太阳黑子监测

实验 13　由于重力所导致的加速现象

实验 17　火箭科学

实验 18　测算火箭模型的飞行高度和飞行速度

实验 20　视差效应

我 们 的 发 现

实验 1　可见光和红外光

课堂讨论的思路：通过请学生描述太阳光的一些特征，来了解学生们对电磁辐射的相关知识的掌握情况。

分　析

1. 可见光的波长范围介于 3.8×10^{-7} 纳米—7.6×10^{-7} 纳米之间，它的频率介于 3.9×10^{14} 纳米—7.9×10^{14} 纳米之间；红外光射线的波长范围介于 7.6×10^{-7} 纳米—0.001 纳米之间，它的频率介于 3×10^{11} 纳米—3.9×10^{14} 纳米之间。

2. 所谓电磁波的波长是指波峰之间的距离。电磁波的频率是指在一定的时间内经过固定一点的波峰的数量。当波峰排列得非常密时，电磁波的频率就更高,高频电磁波往往携带了更多的能量。

3. 在各种类型的电磁波中,伽马射线所携带的能量是最多的。

4. 滤光器是由特殊材料制成的。它可以在阻断特殊波长的电磁辐射的同时让其他波长的电磁辐射通过。滤光器的颜色和材质是由它所要阻断的波长的类型所决定的。

5. 我们用肉眼可以观测可见光,可见光不携带任何热量。根据波长的不同,可见光可以被分解成不同的颜色。我们不能用肉眼对红外光进行直接的观测。由于红外光比可见光的波长更长,所以它会携带热能。

6. 答案可以不一致。在释放热量的同时,红外光也会被释放出来。所以,我们可以利用生热扫描设备来寻找和分析红外光。利用这种设备,我们可以发现家里或单位是否存在热量泄漏现象。夜间使用的护目镜也是应用上述原理。红外射线还可以被用来在宇宙中寻找某些天体,由于这些天体释放出来的能量不是很多,所以在可见光区内无法发现它们。

实验 2　日冕喷射

课堂讨论的思路: 给学生们看一些介绍北极光的照片,或者看一段介绍北极光的短片。向同学们解释从太阳表面喷射到太空中的物质,并说明在这些物质中包含带电粒子,正是由于带电粒子的存在才导致了北极光和其他一些现象。

分　析

1. 答案取决于学生们所选取的图像。平均速率应该在 700 千米/秒—950 千米/秒。

2. 答案介于 45—50 小时之间。

3. 答案取决于学生们所选取的图像。加速度的数值很有可能是负值。

4. 答案取决于学生们所选取的图像,学生们很有可能反应日冕喷射的速度减慢了。

实验 3　电磁能量的速度

课堂讨论的思路: 问学生,我们为什么可以用肉眼或依靠天文望远镜观测到夜空中的行星。向学生指出,我们只能看到那些发光或反射光的天体。光线本身就是一种电磁辐射。

提 示

第一部分实验必须在户外进行。第一部分实验需要大约0.8千米的范围。为了实现这一点,让代表不同行星的同学组成一条长长的波浪线,而不是一条直线。即使你们没有足够的空间来代表所有的行星,你们也可以代表一部分行星。主要的目的是帮助学生们理解行星的运行轨道的规模以及行星之间的距离。

分 析

1. 1 019步。

2. 越来越长。

3. 天王星位于中点处。

4. 学生们的预测结果可能不尽相同,答案只反映学生的个人见解。

5. 答案是否定的。地球和其他所有行星都一直处于运动状态中。行星在不同的运行轨道内以不同的速度进行运动。有些时候,它们之间的距离会比平时近一些。

6. 答案不一定完全相同。由于冥王星的运动,它与太阳之间的距离是不断发生变化的。来自太阳的光线需要4.1—6.8个小时才能到达冥王星。

7. 答案是肯定的。太阳没有运动,而地球在运动。地球与其他行星之间的距离在不断地发生变化。虽然,在行星绕转的过程中,太阳与每颗行星之间的距离在发生变化,但是这种变化比位于不同轨道平面上的行星之间的距离的变化要小得多。

8. 不同的学生会有不同的见解。虽然电磁波拥有不同的波长和频率,但是电磁辐射的运行速度是相同的。

实验4 土星环

课堂讨论的思路:了解学生们是否已经掌握了土星环的构成,请学生们将自己的想法写在黑板上,等实验结束以后再重新检查答案。

分 析

1. 土星环主要是由氢气和氦气以及一些痕量气体所组成的。
2. 从最里面到最外面依次是：D 环、C 环、科伦坡环缝、马可士威环缝、B 环、卡西尼环缝、A 环、恩克环缝、基勒环缝、洛希环缝、F 环、G 环和 E 环。
3. 土星环是由一些厚厚的云层所组成的,这些云层包含了大块的固态冰。在这些固态冰中,最小的需要用显微镜才能观测到,最大的有房屋那么大,还有的像碎片一样。
4. 由于土星本身的引力场和磁场,所以土星环静止在既定的位置上。
5. 土星并不是一个真正的球体,由于土星特殊的旋转速度,土星呈现出两极略扁赤道略鼓的形状。
6. 在土星上的 1 天大约为 10.5 小时。
7. 人类已知并已命名的土星卫星有 60 颗。然而,这一问题答案不是永远不变的,因为人类会不断地取得新发现。

实验 5　太阳能电池板的作用究竟有多大?

课堂讨论的思路：请学生们用表格列举出为我们提供电力的主要能源。讨论包括煤和石油在内的一些能源的优缺点。

分 析

1. 由于学生的实验结果不一定相同,所以这道问题的答案会有变化。
2. 安培数与电流的流动有关,伏特数与两个区域的电势差有关,与能量有关的是瓦特数,它反映了能量转移的速度。
3. 由于学生的实验结果不一定相同,所以这道问题的答案会有变化。学生们的答案很有可能介于 10%—18% 之间。
4. 由于学生的实验结果不一定相同,所以这道问题的答案会有变化。
5. 答案会有所不同。利用太阳能的优点包括：如果你居住在阳光充足的地区,那么太阳能将是能源利用率最高的能源。除此以外,使用太阳能不会产生有害物质,也不会像使用化石能源那样出现一些有危险的废弃物。利用太阳能的缺点包括：最初的设备成本比较高；只有在阳光充足的地区太阳能才能发挥它的作用。

6. 答案会不尽相同。有人会提议安装更多的太阳能电池板，也有人会提议在太阳能电池板上覆盖减反射材料，还有人提议滤除使太阳能电池板出现过热现象的辐射。

实验6　撞击力所产生的动能

课堂讨论的思路： 与同学们讨论动能与潜能的区别。请同学们分别就这2种能源举几个例子。

分析

1. 答案会有所不同。可能出现的答案包括：质量、速度和直径。

2. 答案会有所不同。学生们应该会选择他们认为会形成最大陨石坑的那个球体。

3. 由于学生们使用的球体以及球体的体积有所不同，所以会出现不同的答案。

4. 由于学生取得的实验数据存在差异，所以答案会有所不同。

5. 由于学生取得的实验数据存在差异，所以答案会有所不同。

6. 学生们绘出的图可能不完全相同。但是，在所有的图上，都应该有标注清晰的轴。其中，Y轴代表陨石坑的大小，X轴代表动能的大小。

7. 携带了较多动能的球体会产生面积较大的陨石坑。这是因为：与体积、质量和动能均较小的球体相比，它们在撞击地面时产生了更大的力量，从而使地面上的沙土在更大的范围内进行移动。也就说，能量水平越高，产生的陨石坑越大，二者成正比。

8. 答案会有所不同。动能会随着自由下落时间的增加而增加。因此，如果一个球体是从一个较低的高度落下，它会产生较少的动能；相反，如果一个球体是从一个较高的高度落下，它会产生较多的动能。

实验7　利用简易分光镜识别各种气体

课堂讨论的思路： 安排学生讨论恒星的颜色。如果有可能的话，让学生看几张显示不同颜色恒星的图片。帮助学生们理解：由于恒星在温度、运行速度和物质构成几方面不尽相同，所以它们所产生的光线会拥有不同的特性。

提 示

为了进行本项实验，要收集一些没有其他用途的 CD 碟片或 VCD 碟片，装有不同气体的光谱管（例如氩、氯、氢、汞和氖）和为光谱管提供电力的装置，需要从专门经营科学实验设备的公司处购买。向学生们公开"已知气体"的名称，对于"未知气体"的名称，一定要保密。

分 析

1. 分光镜可以帮助天文学家们了解恒星的温度、年龄和演化史。
2. 一旦原子变得活跃，它的电子就会进入能量较高的电子层。随着电子恢复到原来的状态，它会释放出光线。每种化学元素都会释放出独特的颜色。
3. 各种颜色会相互融合。
4. 由于使用的光源（已知气体）不一样，所以答案会有所不同。但是答案中应该包括在实验中观测到的颜色。
5. 来自遥远的恒星和星系的光线在光谱方面非常类似。所以，天文学家们认为：氢是恒星的主要组成部分。

实验8 通过简易望远镜观测木星

课堂讨论的思路：讨论木星和地球的体积及相对位置，问学生在他们的想象中木星的表面是什么样的。

提示：在观测木星时，一定要选取远离城市灯光的观测点。

分 析

1. 由于学生们的观测结果并不一定完全相同，所以学生们绘制的图片也会有所不同。
2. 由于学生们的观测结果并不一定完全相同，所以学生们绘制的图片也会有所不同。这次绘制的图片要比上次绘制的图片更清晰、更详细。

3. 学生们的答案会有所不同,与商用望远镜相比,简易的自制望远镜所呈现出来的图像应该是倒置的,这是因为在自制望远镜的内部没有装置反射镜。除此以外,商用望远镜所呈现出来的图像很有可能更清晰、更详细。

4. 由于木星每10个小时就会旋转1周,所以为了通过天文望远镜观测木星的另外一个侧面,要等到第二天凌晨的时候,也就是10个小时以后。或者等到第三天的夜晚再进行观测。不过,这次的观测时间要向后延2个小时。

实验9 太阳黑子监测

课堂讨论的思路: 问学生太阳的化学构成是什么。这个星球是由大约25%的氢和75%的氦构成的。太阳的能量来自发生在其核心区域的核反应。

分 析

1. 太阳黑子是由于太阳内部的磁场活动的增加所导致的。

2. 绘出的图会有所不同,但是太阳黑子出现的次数应该通过Y轴来体现,天数应该通过X轴来体现。图中各部分应该有清楚的标注,应该通过线将所有的标出点连接起来。

3. 答案会有所不同。

4. 答案会有所不同。

5. 答案会有所不同。一般来讲,在太阳黑子较少的年份,太阳黑子会靠近两极地区。而在太阳黑子的峰值年份,太阳黑子会靠近赤道地区。

实验10 光线的强度是如何随着距离的变化而变化?

课堂讨论的思路: 与学生讨论为了设计可靠的实验如何来设计控制条件和变量。

分 析

1. 由于学生们采取了不同的实验步骤,所以答案会有所不同。答案可能包括以下几个方面的内容:首先,在固定的距离进行各种测算;其次,用一个盒子将实验装置遮挡一下,从而避免多余的光线进入其中;再次,在实验的不同阶段均使用相同的测算方法。

2. 答案会有所不同。我们之所以要设计各种科学实验,就是要研究某一种因变量,在这里也被称为实验变量。为了证明某一实验变量确实具有某种作用,实验的其他条件必须保持不变。

3. 由于学生们的实验结果不尽相同,学生们绘制出的图片也会有所不同。图中的 X 轴必须用来表示距离,Y 轴必须要来表示光线的强度。必须将所有的点连接起来,最终形成一个像英文字母 L 的拱形。

4. 由于学生们采取了不同的实验步骤,所以答案会有所不同。

5. 由于学生们的实验结果不尽相同,所以答案会有所不同。

6. 影响行星表面温度的因素包括:行星的大气层及其中包含的热量、行星的化学构成(气体行星和类地行星)、行星的地形和行星与太阳之间的距离。

实验 11　手电筒的光亮等级

课堂讨论的思路: 请同学们想象一下在夜间驾车的情形:看到前方有 2 辆开着大灯的车辆。其中的 1 辆的大灯比另一辆的大灯更加明亮。仅凭这一点信息,能否判断出哪辆车离得更近呢?绝大多数的同学会认为是大灯更亮的那辆车。向同学们指出实际情况也许并不是这样的。

较暗的灯光也许离得非常近,但也许是由于电力不足才导致灯光不亮。利用这种思维方法引出宇宙中光线强度的概念。

分　析

1. 答案会有所不同。很有可能最大的手电筒发出的光最多。

2. 离墙越近,看上去越亮。

3. 科学家们需要判断出:哪些星星是真正最亮,哪些星星是在地球人看来比较明亮?

4. 学生们的答案可能会有所不同,学生们将不得不用负值来表示明亮的灯。

5. 在人工照明的亮度较低的地区,星星更容易被观测到。光污染严重地影响了星星的可见度。在光污染较弱或没有光污染的地区,你会观测到更多的星星。

实验 12　曙暮光可以延续多长时间？

课堂讨论的思路：请同学们将自己对曙暮光的了解写出来，请两三位同学念给全班同学听。

分　析

1. 答案取决于学生所处的位置。
2. 答案会有所不同。
3. 同学们绘出来的图可能不太一样。但是，必须用 X 轴来表示月份，用 Y 轴来表示曙暮光持续的时间(以小时为单位)。用柱状图的柱来表示每个月白天的平均时长。
4. 在夏季(通常是 6 月份)和冬季(快到冬至时)，曙暮光的持续时间最长。曙暮光的持续时间最短出现在春分和秋分。在赤道附近的地区，季节的变化非常不明显。
5. 两极地区比赤道地区曙暮光持续时间更长。

实验 13　由于重力所导致的加速现象

课堂讨论的思路：让一个大球和一个小球同时落向地面，问同学们它们是否同时撞击地面。然后请同学们解释原因。

分　析

1. 是的，重力是以同样的方法作用于所有的物体。
2. 答案可能会有所不同。
3. 用秒表计时的起止时刻与实际情况的起止时刻越接近，测算的结果越精确。
4. 团成一团的纸先接触地面。
5. 没有被团成一团的纸遇到了更多的空气阻力。

实验 14　惯性定律

课堂讨论的思路：请同学们判断下面两个观点哪个是正确的：一，运动的物体将会一直保持运动状态,直到停下来为止。二,静止的物体将会一直保持静止状态,直到开始运动为止。解释其中的缘由。

分 析

1. 学生的答案可能会有所不同。
2. 学生的答案可能会有所不同,但是要解释缘由。
3. 学生的答案可能会有所不同,那个球体应该能够达到接近起始高度的高度。
4. 使用润滑剂将会增加球体所能达到的高度。
5. 学生的答案可能会有所不同,摩擦力使球体最终无法达到初始高度。

实验 15　谁知道 10 个星座？

课堂讨论的思路：请几位同学说出自己最喜欢的星座并对它们进行简单的描述。

分 析

1. 几个同学的想法不能代表全校同学的想法。
2. 由于学生们的调查结果会不同,所以这个问题没有确定的答案。
3. 由于学生们的调查结果会不同,所以这个问题没有确定的答案。
4. 由于问卷调查的结果会有所不同,所以问题的答案会有所不同。
5. 由于问卷调查的结果会有所不同,所以问题的答案会有所不同。

实验 16　宇宙的大小

课堂讨论的思路：问同学们是银河系的中心离我们更近,还是最近的恒星离我们更近(答案是最近的恒星)。由于宇宙十分地浩瀚,所以同学们很难目测宇宙中的距离。向同学们解释为什么本项实验能够帮助同学们更好地理解宇宙中的距离。

分 析

1. 答案取决于同学们所使用的距离等级。

2. 由于月球距离地球太近了,所以没有被包括在这一等级当中。

3. 光线在10年前离开了那颗星星。我们无法看到那颗星星的现在。

4. 15 000 万千米。

5. 答案是否定的。我们之所以能够看见一些天体,是因为它们本身发光或者反射其他天体发出的光。

实验17　火箭科学

课堂讨论的思路：复习牛顿提出的3大运动定律。同时指出这3大定律对于火箭的运动都是适用的。

提　示

火箭模型组件和火箭模型发射器在精品店和玩具店都可以买到。火箭模型组件的说明书中会明确规定火箭模型发动机的大小。在这项实验中,学生们将研究火箭的整体重量对火箭飞行时间的影响。为每一个实验小组指定火箭模型的重量。例如,组装好的普通火箭模型的重量是50克,那么可以规定一个实验小组组装的火箭模型的总重量为53克,另一个实验小组组装的火箭模型的总重量为56克,不要在多风的天气里进行火箭模型的发射。

分　析

1. 对齐了的火箭机翼可以为火箭指引方向。

2. 火箭模型的发射耳会在火箭发射升空的过程中发挥作用,它可以使火箭在最初的点火阶段不会因为倾斜而翻倒。

3. 如果电线相互接触,有可能会出现短路,从而使火箭模型的发射无法进行。

4. 火箭的发动机携带了助推燃料,喷气式发动机利用空气作为推力。但是,由于太空中没用空气,所以喷气式发动机在太空飞行中就没有应用价值了。

5. 根据实验结果的不同,答案会有所不同。

6. 答案会有所不同。有的同学会建议研究火箭模型机翼的形状对火箭模型的飞行时间的影响。

实验 18　测算火箭模型的飞行高度和飞行速度

课堂讨论的思路：问同学们如何来测算火箭模型的飞行高度。有的同学会提出以附近的一棵树或一幢楼房作为参照物。向同学们说明本实验将会使这方面的测算结果更加精确。

分　析

1. 答案会有所不同。
2. 同学们列举的因素会有所不同。但是一定会包括火箭模型的发动机、火箭模型的大小和风。
3. 火箭模型不会移动。
4. 它是火箭飞行的平均速度。
5. 这是因为你与某个物体的距离将会影响到你观测该物体时的角度。

实验 19　制作直角仪

课堂讨论的思路：请同学们列举出全球卫星定位系统的一些用途。问同学们几百年以前人们是靠什么方法来确定自己的方位的。

分　析

1. 航海家使用它来确定纬度。
2. 天文学家使用它来确定 2 颗恒星之间的角距离。
3. 筒状物可以保证直角仪的前后移动。
4. 缝隙可以发挥观测点的作用。
5. 答案会有所不同，但可能会提到进行各种科学勘察。

实验 20　视差效应

课堂讨论的思路：问同学们在没有米尺的情况下如何测算一个遥远的建筑物或者一棵远方的树的距离。启发学生进行距离的间接测算。

分 析

1. 手指看上去左右摇动。
2. 即使它们只相距几厘米，但是还是存在观测角度的差异。
3. 直角仪是一种用来测算两个相距甚远的物体之间的距离的仪器。
4. 角距可以用来测算地球与宇宙中的其他天体之间的距离。
5. 答案会不尽相同。当视差效应非常小时，我们很难观察到它的存在。